다시 떠나는 동유럽

여행 전문가 찰스의 오스트리아·체코·헝가리 '콕콕' 투어

다시 떠나는 동유럽

초판 1쇄 인쇄일 2023년 07월 24일
초판 1쇄 발행일 2023년 08월 10일

지은이 나영주(찰스)
펴낸이 양옥매
디자인 표지혜
마케팅 송용호
교　정 조준경

펴낸곳 도서출판 책과나무
출판등록 제2012-000376
주소 서울특별시 마포구 방울내로 79 이노빌딩 302호
대표전화 02.372.1537　**팩스** 02.372.1538
이메일 booknamu2007@naver.com
홈페이지 www.booknamu.com
ISBN 979-11-6752-346-4 (03920)

여행 가기 전에 꼭 읽어야 할 인문서

다시 떠나는 동유럽

나영주(찰스) 지음

Austria

Czech Republic

Hungary

여행 전문가 찰스의 오스트리아 · 체코 · 헝가리 '콕콕' 투어

책과나무

나영주 작가의 동유럽 방문 지역

삶은 여행이다. 이제는 인생에서 미래에 관한 생각보다 과거에 대한 추억이 더 아름답게 느껴진다. 그동안 여행에서 보고 듣고 경험해 왔던 내 삶의 이야기를 이제는 흐르는 시간에 담아서 자유롭게 이야기하고 싶다.

여행에서 만난 인연, 그 낯선 만남에서 서로 인연이 되었던 그 사람들을 생각하면 웃음도 나오지만, 가슴도 뛴다. 그때의 순간순간들이 나에게 무엇인가를 하나씩 생각하게 한다.

코로나 이후 지금까지 지내 왔던 삶과 완전히 다른 길을 찾은 나는 다시금 나의 길을 찾아가는 여행가로서 영원한 삶을 꿈꾼다. 꿈을 가진 사람은 늙지 않는다는 말이 있지 않은가?

여행하면서 누구나 느끼는 것, 맛집 찾아가기, 그리고 사진 찍고 오기, 어느 연예인이 여기서 무엇을 했는지 찾아보고 그들만 따라서 하는 여행만 추구하다 보면, 그 시간이 재미있을지 모르지만 나중에 분명 허무함이 남을 것이다.

아직 여행이 주는 즐거움을 느끼지 못한 이들에게, 그리고 새롭게 여행 준비하는 이들에게 내가 먼저 걸었던 발자국이 조금이나마 도움이 되었으면 하는 마음이다. 그동안 무심코 여행을 다녔던 사람들에게, 이번에는 '아는 만큼 보인다.'라는 진실을 들려주고 싶다.

특히 오스트리아 · 체코 · 헝가리는 매력적인 여행지임에 틀림없다. 다른 유럽 지역에서 느끼지 못하는 때 묻지 않은 순수함, 그리고 엄청난 문화유산들을 직접 느낄 수 있는 그곳으로 여행자들을 안내하고 싶다. 오스트리아, 체코, 헝가리를 거치는 유럽 여행길에 어려움 없이 편안하게 읽어 가면서 잠깐이라도 전문가의 눈으로 바라볼 수 있는 시야를 만들어 주고 싶은 마음이다.

그런 마음에서 여행을 하는 이들이 꼭 잊어서는 안 되는 것들을 쉽게 정리하려고 노력했다. 이 책으로 사람들이 여행에 대한 생각을 조금이라도 바꾸었으면 한다. '한 번 오면 두 번은 오기 쉽지 않다.'는 생각으로 짧은 시간 동안 뛰어다니는 여행이 아니라, 천천히 경험하고 생각하는 여행이 되기를 바란다.

오스트리아 · 체코 · 헝가리 중심으로 여행을 준비하는 독자들에게 이 책은 분명히 여러 면에서 좋은 길잡이가 되어 줄 것이다. 마음의 결정을 하고 여행을 가려고 준비한 사람도 때로는 어떠한 방향으로 접근해야 하는지 방황하는 경우가 있다. 나는 그들에게 내가 느꼈던 것과 간단한 역사, 그리고 그 지역에 대한 문화를 알려 주고 싶다.

특히 여기에서 꼭 하고 싶은 말은 "여행에 절대 정답이 없다."는 것이다. 여행자마다 꼭 같은 즐거움을 느끼는 것이 아니라, 모두가 다른 즐거움을 경험할 수 있기 때문이다. 여행을 마치고 다시 일상으로 돌아와 내가 만들었던 여행이 그 순간순간 얼마나 행복하였는지를 생각해 보라.

우리가 꿈을 꿀 때, 내가 꿈을 꾸는지를 모르고 잠에서 깨어나서야 '아, 내가 꿈을 꾸었구나!'라고 생각하듯이 여행도 마찬가지로 여행 중에 느끼는 것보다 다시 일상생활로 돌아왔을 때, 그 여행이 얼마나 소중한지를 자기 나름대로 찾게 될 것이다.

이 책은 여행에서 놓치기 쉬운 것을 중간중간 '콕' 찍어 그곳에서 경험하면 좋을 것들을 정리하고 있기 때문에, 이를 바탕으로 새로운 추억을 새겨 볼 것을 권한다. 그러면 분명히 본인의 삶을 밝혀 주는 작은 빛이 되어 줄 것이다, 하나 더 욕심을 낸다면 앞으로 살아가는 삶의 관점도 새롭게 전환되리라 생각한다.

여행은 언제나 우리를 설레게 한다. 현실에서 잠깐 벗어나 다른 세상과 연결해 주는 하나의 다리가 되어 준다. 그동안 나를 잊고 앞만 바라보던 삶에서 벗어나 뒤돌아볼 수 있는 시간을 분명히 만들어 줄 것이다.

여행은 이미 시작되고 있는지도 모른다. 거친 삶의 길과 여행길 위에 서 있는 모든 이에게, 이 책 한 권을 들고 무조건 떠나 보라고 권하고 싶다.

2023년 7월

생각하는 여행자 나영주

contents

PART 2

낭만과 추억의 나라 체코

01 연인들의 도시, 프라하

02 트렌디하고 매력적인 도시, 브르노

03 영화 〈아마데우스〉의 도시, 크로메르지시

PART 3
유럽의 아시아 헝가리

01 가장 아름다운 야경의 도시, 부다페스트

02 헝가리 최초의 자연보호 구역, 티하니

03 와인의 왕을 생산하는 토카이

AUSTRIA

PART 1

낭만과 음악을 꿈꾸는 나라
오스트리아

　대학 시절 영화 〈비포 선라이즈〉를 보면서 무심코 여행을 떠나야 겠다며 그 당시 쉽지 않았던 배낭여행을 계획하여 낯선 곳을 찾아다 니던 생각이 난다. 그때 주인공 제시가 된 것처럼 여행했던 것을 추 억하면서, 많은 사람들이 꼭 방문하고 싶어 하는 나라 1순위로 꼽는 오스트리아를 다시 걸어 보려고 한다. 음악과 예술을 너무도 잘 간직 한 나라 오스트리아를 걸으면서 다시 가슴 뛰는 삶을 시작해 보는 것 이다.

　오스트리아는 정확하게 중부유럽에 있는 국가이자 서유럽에도 속 해 있다고 볼 수 있다. 8개국과 국경을 맞대고 있으며, 서북쪽에서부 터 시계방향으로 독일, 체코, 슬로바키아, 헝가리, 슬로베니아, 이탈 리아, 스위스, 리히텐슈타인과 이웃하고 있다. 국토가 알프스 산맥의 60% 이상을 차지하고 있는 숲의 국가이다.

그곳에서 우리는 항상 세계사에 등장하는 합스부르크 왕가의 영광과 함께 문화 예술, 특히 음악의 대표적인 요제프 하이든, 볼프강 아마데우스 모차르트, 프란츠 슈베르트를 비롯하여 잘 알려진 수많은 고전 음악가들을 만나게 될 것이다. 또한 우리 시대 가장 사랑받고 있는 화가 구스타프 클림트, 그리고 건축가이자 환경운동가로 독특한 건축물을 만들었던 훈데르바서, 조수미를 발견한 세계적인 지휘자 가운데 한 명인 헤르베르트 폰 카라얀도 만날 수 있다.

오스트리아와 우리나라의 인연을 찾아보면, 우리나라 초대 대통령 이승만의 아내, 즉 첫 번째 영부인이던 프란체스카 도너 리도 오스트리아인이었다. 흔히 독일인으로 생각하는 나치의 최고지도자였던 아돌프 히틀러의 고국도 오스트리아였다.

오스트리아는 역사를 보면 근대에서 현대로 넘어가던 19세기 말에서 20세기가 시작되는 시점에 문명사적으로 가장 활기찬 곳이었다. 하지만 제1차 세계대전 패배로 인해 제국에서 소국으로 몰락하면서 점차 암울해지기 시작했고, 1934년부터는 히틀러 동조 세력에 휘둘리다가 1938년 병합되어 나치 독일의 일원이 되기에 이른다. 결국 제2차 세계대전에서도 패배하여 4개 승전국에 의해 분할 점령되는 처지에 놓이게 된다. 이후 해방되어 베를린과 함께 냉전의 최전방이었다가, 유럽연합이 동구권으로 확대되면서, 동유럽과 만나는 중

유럽의 관문으로 경제특수를 누리게 되었다.

  오스트리아는 철강과 기계공업 위주의 탄탄한 산업기반을 바탕으로 한층 높은 국민소득과 충분한 복지예산을 갖춘 살기 좋은 최상위 선진국이 되었다. 현재 EU에 가입한 것 외에는 영세 중립국을 표방하고 있으며, 수도 빈의 유엔기구 도시(UNO City)에 국제 원자력 기구(IAEA), 유엔 마약 범죄 사무소(UNODC) 등의 본부를 두고 있어 국제회의와 분쟁 조정의 무대로서 큰 역할을 하고 있다.

  이러한 오스트리아는 때론 명칭이 비슷한 호주(오스트레일리아)와 많이 혼란스러움을 겪기도 한다. 그 때문인지 관광지에 가면 오스트리아에서만 볼 수 있는 독특한 기념품을 쉽게 만날 수 있다. '오스트리아에 캥거루 없음(No kangaroos in Austria)'이라고 쓰인 표지판뿐만 아니라 티셔츠나 머그컵 등 기념품도 나올 정도다.

  오스트리아를 이야기할 때는 음악가들을 빼놓을 수 없다. 음악가

오스트리아 기념품

들이 활동했던 흔적들을 따라가는 여행도 매우 의미 있다. 다른 여행지에서 전혀 생각하지 못하는 여행이 오스트리아에서만 가능한 것이다. 그것은 우리가 알 만한 유명 음악가들의 흔적들이 잘 보존되어 있기 때문이다. 그래서인지 매년 전 세계에서 유럽 야외 콘서트를 보기 위해 많은 관광객들이 이 나라로 모여든다.

비엔나에 있는 쉔브룬 궁전(Schönbrunn Palace)은 예전부터 세계적으로 유명한 음악가들의 음악을 듣기 위해 모인 관광객과 주민 및 음악 애호가들의 만남의 장소이다. 세계적으로 유명한 작곡가들이 다 이곳 오스트리아에서 활동하였기 때문이라고 볼 수 있다.

특히 지금도 전 세계인들이 가장 사랑하는 볼프강 모차르트의 흔적을 따라서 그의 발자취를 느껴 보고 싶은 사람들이 많다. 모차르트 또한 가족과 함께 유럽을 여행하면서 많은 발자취를 남겼던 것을 보면, 여행은 인생에 있어 분명히 좋은 추억이 되는 것 같다.

다른 곳에서 경험하지 못하는 음악에 대한 추억을 오스트리아 여행을 통해 만들어 보는 것도 큰 즐거움을 가져다줄 것이다. "학창 시절 내가 좋아하였던 음악가가 누구지?"라고 회상하면서 말이다.

많은 음악가들이 있지만, 학창 시절 내가 좋아했던 음악가들에 대해 이야기해 보고자 한다. 많은 사람들이 모차르트를 좋아하는 것에 대한 약간의 반항심 때문인지, 모차르트보다 더 좋은 음악가로 항상 요제프 하이든을 꼽았던 기억이 난다. 나와 비슷한 성격을 가진 그는 자부심이 강한 작곡가로 개성적인 음악가였다. 그래서인지 그는 자신의 스타일을 개발하기 위하여 많은 다른 나라의 음악가들과 교류를 하면서 여행을 즐겼다. 오스트리아에 음악인들을 많이 모이게 하는 역할을 하여 지금의 오스트리아가 음악의 나라로 불리는 데 큰 역할을 하였다.

오스트리아를 방문한 음악인 가운데 지금 시대에 태어나도 엄청난 인기를 누렸을 것 같은 음악가 프란츠 리스트 또한 이곳에서 엄청나게 인기 있었다고 한다. 특히 프란츠 리스트는 19세기 당시 유럽 성인 남성의 평균키였던 170㎝를 훌쩍 넘어선 185㎝인 데다 호리호리한 체격에 준수한 얼굴의 미남으로 특히 여성 팬들이 많았다. 팬덤을 가장 먼저 형성한 음악가라고 볼 수 있다.

리스트는 어린 시절, 그의 고향인 라이딩(Raiding)에서 헝가리 집시들이 연주하던 음악에 매료되었다. 특히 리스트는 헝가리 집시들이 자신들의 멜로디뿐만 아니라 다른 사람들의 멜로디 일부를 듣고 즉흥으로 연주하면서 틀에 박힌 음악이나 작곡의 룰을 깬 음악들에 감명받았다.

그의 삶이 다채로웠던 것만큼이나 비엔나 고전주의, 19세기 파리의 문화적 · 정치적 성향 및 이탈리아 · 러시아 · 독일의 음악 문화와 독특한 헝가리 집시 문화를 모두 반영한 그의 음악 역시 다채롭다. 특히 오스트리아 · 헝가리 여행을 하다가 현지인들과 대화를 나누다 보면 항상 불거지는 논쟁이 있다. 리스트가 오스트리아 사람인가, 아니면 헝가리 사람인가 하는 것이다.

리스트의 출생지인 라이딩은 처음엔 헝가리 왕국의 도보르얀 지역이었다가 1차 세계대전 이후 오스트리아로 넘어간 지역이다. 그렇다면 그는 정말 헝가리인인가, 오스트리아인인가? 헝가리에서는 그를 역사상 가장 존경하는 헝가리인 중 하나로 추앙하고 있다고 한다. 그래서 헝가리의 관문인 부다페스트 공항 이름에도 프란츠 리스트라는 이름이 들어가 있다.

또한 음악의 시인이라고 불리는 쇼팽과 얽힌 재미난 에피소드도 많다. 적극적이고 사교적인 성격의 리스트는 그 당시 관람객들이 원하는 게 무엇인지를 잘 알아채고 퍼포먼스가 강한 연주로 그 당시 최고의 인기를 누렸다. 그의 대표적인 퍼포먼스 중 하나가 피아노 연주를 마친 후 장갑을 피아노 위에 올려놓고 나가는 것이었는데, 그 장갑을 차지하기 위하여 많은 귀족 여성들이 소란을 피우는 광경을 바라보며 즐기는 것 또한 그의 퍼포먼스에 해당됐다.

그에 비해 쇼팽은 창백한 얼굴, 그리고 왜소한 체구에 소극적인 성격을 가진 연주가로서 많은 사람들 앞에서 연주하는 것을 거부하였다고 한다. 이를 잘 알고 있었던 리스트는 한 가지 묘안을 떠올린다.

리스트의 피아노 독주회가 있던 날, 그는 자신의 피아노 실력을 과시하기 위해 실내의 모든 불을 끈 채 캄캄한 가운데에서 연주를 시작하였다. 관객들은 아무것도 보이지 않음에도 불구하고 실수 한 번 내지 않는 리스트의 천재적인 피아노 실력에 감탄하며 감동하였다.

시간이 흐르고 연주가 절정에 다다를 무렵, 그는 연주회장 뒤에서

초를 들고 천천히 무대 쪽으로 천천히 걸어왔다. 그리고 피아노 위에 초가 놓였을 때 관객들은 모두 놀랐다고 한다. 피아노 연주자가 리스트가 아니라 쇼팽이었기 때문이다. 많은 사람 앞에서 연주하는 것을 두려워하던 쇼팽에게, 리스트가 너무나 멋진 퍼포먼스를 선물하였던 것이다.

쇼팽의 연주였다는 사실을 깨달았을 때의 놀라움은 그날 이후 쇼팽이 천재 음악가로 인식되는 돌풍을 일으키게 되었고, 그날 연주를 기점으로 쇼팽은 지금의 명성을 얻어 가는 시작점이 되어 파리에서의 데뷔 연주회 또한 멋지게 성공시켰다고 한다. 지금의 쇼팽을 우리에게 선물한 선구자가 바로 프란츠 리스트인 것이다.

구스타프 말러

리스트만큼이나 다채로운 음악을 작곡한 사람은 구스타프 말러로, 그는 모라비아(Moravia)의 유대인 집안에서 태어났다. 말러는 어렸을 때부터 모라비아 지역의 민속 음악, 군악대의 행진곡부터 주변

술집에서 들리던 거친 노래까지 다양한 음악을 듣고 이에 영향을 받았다.

비엔나에서 공부를 마치자마자 그는 실력 있는 지휘자로서의 명성을 얻었고, 당시 가톨릭교도가 아닌 사람은 관직을 얻지 못하는 오스트리아법이 있었으나 궁중음악 감독으로 지명되었다. 이에 말러는 가톨릭으로 개종하여 음악 감독직 역할을 수행하면서 철저한 완벽주의자로 명성을 얻게 되었다.

이처럼 학창 시절 음악 시간에 들었던 위대한 음악가들을 한 번에 만날 수 있는 오스트리아는 우리에게 색다른 즐거움을 가져다주기에 충분한 나라이다.

모차르트 초콜릿과 커피

Part 1 낭만과 음악을 꿈꾸는 나라 **오스트리아**

이뿐 아니라 오스트리아에는 여행을 하는 동안 나의 발걸음을 잡을 만한 것들이 너무나도 많다. 오스트리아는 음악가뿐 아니라 역사와 음식 등 다양한 경험을 할 수 있어서 전 세계인들로부터 가장 가고 싶은 나라로 꼽힐 수밖에 없다.

01

비엔나소시지가 없는
비엔나(Vienna)

'비엔나'는 비엔나가 어디에 있는지도 몰랐던 어린 시절부터 많이 들었던 귀에 익은 단어이다. 내가 어렸을 때 당시 비엔나소시지는 아이라면 너무나 좋아하는 반찬이었고, 성인이 되었을 때 카페에서 비엔나커피를 시켜야만 조금 멋진 사람으로 보였던 만큼 비엔나는 너무나 친숙한 단어이다. 나뿐만 아니라 비엔나를 찾은 여행객들이 웃으면서, "비엔나소시지와 비엔나커피 어디서 먹을 수 있어요?"라고 질문하는 것도 그와 비슷한 이유에서일 것이다.

이렇듯 우리에게는 너무나 가까운 비엔나는 합스부르크 제국의 수도이자 미술ㆍ건축ㆍ문화 예술 분야가 발달한 도시로서 사람들이 꼭 방문하고 싶어 하는 도시이다. 비엔나를 방문하게 된다면 계획했던 시간들을 잊어버리고, 오랜 시간 머물도록 여행자들의 발길을 멈추게 하는 것들이 무척 많다.

파리에 있는 몽마르트 언덕이 그림을 그리는 화가들의 영원한 안식처라면, 비엔나는 음악가뿐 아니라 관광객들에게 예술과 낭만이 그대로 살아 숨 쉬는 곳이다. 여행을 하는 동안 어느 곳을 방문하더라도 이 도시가 음악의 도시라는 걸 느낄 만큼 길거리에서는 항상 콘서트 안내장을 나누어 주는 사람들을 볼 수 있고 어디서나 음악의 선율을 들을 수 있는 것이 전형적인 비엔나의 매력이다.

예전에 선물가게에서 계산을 하는데 정장 차림을 한 할아버지가 나에게 빙그레 웃으면서 "일 얼른 마치고 친구들과 오페라 공연을 간다."고 했던 모습이 지금도 눈에 선하다. 우리나라에서는 지금도 오페라 등 클래식 음악은 아직 극소수만을 위한 공연이라고 생각하는 사람들이 많은데, 이곳에서는 음악과 삶이 공존하기 때문에 비엔나를 음악의 도시라고 부른다 해도 어느 누구도 반문하지 못할 것이다.

국립 오페라 극장(Wiener Staatsoper)

파리 오페라 하우스, 밀라노 오페라 하우스와 함께 세계 3대 오페라 하우스로 불린다. 규모로는 유럽에서 가장 크다고 할 것이다. 비엔나 오페라 하우스는 1863년 설계공모전에서 1등을 한 에두아르트 폰데르 닐과 실내 장식가 아우구스트 쉬카르트의 공모로 건립되었다. 당시 시민들 사이에서 반대가 많았던 탓에 두 건축가는 완공을 보지 못하고 비극적으로 삶을 마쳤다.

1869년 이 건물이 완공되었을 당시, 생각지도 못한 결함이 발견되었다. 링 도로를 포장하면서 길바닥의 높이가 1m 정도 높아진 것이다. 그래서 건물 1층은 낮아 보이게 되었고, 사람들은 이 건물을 '가라앉은 상자'라며 흉보았다. 미처 예상하지 못한 이런 사태에 대해 설계자 닐은 낙담했고 1868년 스스로 목을 매어 자살했다. 또한 실내 장식가였던 아우구스트 쉬카르트도 동료의 죽음을 보면서 시름시름 앓다 사망하였다.

비엔나 사람들이 극장의 외관에 대해 얼마나 많은 관심을 보이고 말이 많았으면 설계자로 하여금 스스로 목숨을 끊게 했을까? 비엔나 사람들에게 극장은 그토록 소중했던 것이다. 극장은 일상의 정치적 소외와 권태를 잊게 해 주는 신비스럽고 성스러운 곳이었다. 수필가 알프레트 폴가는 극장의 이런 마법 같은 힘에 대해 다음과 같이 말했다.

"아주 자연스럽던 것이 극장에서는 자연스럽지 않게 작용하며, 단순한 것이 전혀 단순하지 않은 경우가 종종 있다. 그 원인은 무대의 공기가 고유의 신비로운 굴절 법칙을 가지고 있기 때문이다. 따라서 '자연스럽게' 거기에 들어간 것은 결코 '자연스럽게' 되돌아와 관객의 귀에 도달하지 않는다."

공모 당시에는 시민들의 반대가 많았지만, 현재는 비엔나에서 가장 아름다운 건축물이 되었다. 비엔나를 상징하는 건축물답게 링거리에서도 발군의 웅장함을 자랑한다. 건물의 정면은 장식이 많은 네오르네상스 양식이며, 내부는 정면에서 2층으로 이어지는 대계단과 샹들리에가 빛나는 로비, 진홍빛 객석, 황금빛으로 가장자리를 장식

비엔나 오페라 하우스 전경

Part 1 낭만과 음악을 꿈꾸는 나라 **오스트리아**

한 흰색 발코니 등으로 호화롭게 꾸며져 있다. 공연이 있는 저녁에는 샹들리에가 화려하게 불을 밝힌다.

초연작으로 1869년 5월에 모차르트의 〈돈 조반니(Don Giovanni)〉가 올랐다. 1897년부터 10년 동안 구스타프 말러가 총감독으로 있으면서 오페라하우스로서 명성을 떨쳤다. 이후 리하르트 슈트라우스와 카를 뵘, 헤르베르트 폰 카라얀, 클라우디오 아바도 등 세계적인 거장들이 이곳의 음악 감독 자리를 거쳐 갔다.

오늘날 많은 사람들은 국립 오페라 하우스에서 모차르트, 베르디, 푸치니 등의 오페라를 관람한다. 공연은 여름 휴가철을 제외하고는 날마다 있으니, 이 시기에 비엔나에 방문하게 된다면 꼭 인생에서 가장 멋진 시간을 투자하길 바란다. 지금은 비엔나 시민뿐 아니라 음악을 사랑하는 사람들이라면 누구나 평생에 꼭 한번 공연을 보러 오고 싶은 건축물로 자리 잡았는데, 건축 설계자들이 이 사실을 안다면 억울하겠다는 생각을 해 본다.

오페라와 발레 공연이 매년 300회 이상 열리며, 요금은 좌석의 위치뿐 아니라 지휘자나 출연자, 공연 내용에 따라 달라진다. 아주 값이 비싼 좌석도 있지만, 주머니가 가벼운 학생 관객을 위한 저렴한 입석도 있다. 이것만 보아도 오스트리아에서는 누구에게나 음악이 열려 있음을 알 수 있다.

음악의 도시를 온몸으로 느끼고 싶다면, 매년 1월~2월에 비엔나 무도회 시즌을 경험할 필요가 있다. 비엔나 국립 오페라하우스에서

비엔나 오페라 하우스 내부

열리는 오페라 무도회(Opernball)야말로 최대 규모의 무도회다. 오페라 극장 전체가 커다란 댄스플로어가 되어 하룻밤 춤을 추는데, 이 환상적인 행사는 누구든 참여가 가능하다. 영화 속 주인공을 꿈꾼다면, 이곳에서 멋진 춤을 추는 시간을 가져 보기를 바란다.

 여기서 "콕"

비엔나 여행을 계획한다면 가방 안에 무조건 세미 정장을 하나 넣어 가자. 마음에서 음악에 대한 관심이 멀어졌다고 할지라도, 비엔나 오페라 하우스에서 열리는 공연 하나는 꼭 경험하길 바란다. 누군가와 대화를 할 때 상대방이 나를 바라봐 주는 눈빛이 분명 달라질 것이다.

Part 1 낭만과 음악을 꿈꾸는 나라 **오스트리아**

자허 토르테(Sachertorte)

　오스트리아의 대표적인 디저트이다. 초콜릿 스펀지케이크에 살구 잼을 넣고 진한 초콜릿을 입혀 만든 것으로, 생각보다 달지 않고 부드러워 비엔나 사람들에게 많은 사랑을 받고 있다.

　자허 토르테는 1832년 프란츠 자허(Franz Sacher)에 의해 처음 만들어진 케이크로, 초콜릿의 쌉싸름함에 살구잼의 새콤함이 대비된 맛이 특징적이며, 전통적으로 촉촉한 슐라그(schlag, 당을 첨가하지 않은 휘핑크림)를 얹어 먹는다.

자허 토르테

자허 토르테에 대한 자부심이 강한 오스트리아에서는 매년 12월 5일을 '자허 토르테의 날(National Sachertorte Day)'로 지정할 정도로 오스트리아인들에게는 빼놓을 수 없는 최고의 디저트이다. 자허 토르테의 맛을 경험해 보고 싶다면 오스트리아 3대 카페 중 하나인 카페 자허에서의 경험을 추천한다.

● 한 잔으로 세 가지 맛을 즐기다 ●

아인슈페너(Einspanner)

커피를 좋아하는 내가 이제는 경험하지 않는 커피가 되었지만, 대학 시절 가장 많이 먹었던 커피는 바로 비엔나커피였다. 그 당시 한국에서는 비엔나커피를 마시지 않으면 세련되지 않은 대학생으로 취급했던 기억이 있다.

그런데 정말 비엔나에는 비엔나커피가 없다. 우리가 '비엔나커피'라고 부르는 커피의 이름은 본래 아인슈페너이기 때문이다. '말 한 마리가 끄는 마차'라는 뜻으로 에스프레소 위에 하얀 휘핑크림을 듬뿍 얹은 커피를 말한다. 기호에 따라 물 대신 데운 우유를 넣기도 하지만, 일반적으로 에스프레소와 물을 섞고 설탕을 넣은 후 휘핑크림을 얹어서 나온다.

비엔나에서 유래해 300년이 넘는 긴 역사를 지니고 있으며, 차가운 생크림의 부드러움과, 시간이 지날수록 차츰 진해지는 단맛이 한데 어우러져 한 잔의 커피에서 세 가지 이상의 맛을 즐길 수 있다. 여러 맛을 충분히 즐기기 위해 크림을 스푼으로 젓지 않고 마신다.

아인슈페너의 유래에 대해서는 여러 가지 설이 있는데, 그중 대표적인 것이 오스트리아의 교통수단이었던 마차의 마부들이 설탕을 젓지 않아도 한 손을 이용해 마실 수 있도록 고안된 것이라고 한다.

● 유럽에서 가장 아름답고 화려한 ●

쇤부른 궁전(Schloß Schönbrunn)

유럽에서 가장 화려한 궁전으로 프랑스의 베르사유 궁전과 함께 쇤부른 궁전을 꼽을 정도로 정말 아름답다. 이 궁전은 합스부르크 가문의 여름 주거지였던 궁전으로 '합스부르크 옐로우'로 알려진 독특한 색채를 자랑하며 내부에 호화로운 인테리어를 갖추고 있다.

쇤부른 궁전은 마리아 테레지아가 가장 사랑한 궁전이다. 유네스코 세계문화유산에도 등재되어 있으며, 17세기 말 레오폴드 1세 황제의 명으로 건축가 피셔 폰 에를라흐가 바로크 양식의 장엄한 사냥관으로 개축한 곳이다. 로코코 양식이 주를 이루며 황금으로 된 장식, 크리스털 샹들리에, 커다란 거울 등을 볼 수 있다. 방이 무려 1,441개나 있는 초대형 궁전이다.

쇤부른 궁전의 뒷마당

쇤부른 궁전의 앞모습

Part 1　낭만과 음악을 꿈꾸는 나라 **오스트리아**

이곳은 18세기 중순에 마리아 테레지아 여제의 지시로 니콜라우스 파카시가 확장하고 개장하여 현재의 모습이 되었다. 그중 40개 방이 현재 공개 중이다. 모두 공개되지 않아 아쉬워하는 사람들이 많지만, 지금 공개하는 것만 보아도 그 당시 마리아 테레지아가 얼마나 화려화게 생활하였는지를 짐작할 수 있다.

특히 그중에 가장 호화로운 응접실은 나폴레옹 제국 붕괴 이후에 개최된 빈 회의에서 무도회장이 된, 길이 40미터, 폭 10미터의 대회랑(Grosse Galerie)이다. 합스부르크 왕족들의 생활공간이 그대로 전시되어 있어 이들의 화려한 생활을 생생하게 느낄 수 있다.

모차르트가 여섯 살 때 연주했던 곳으로 유명한 거울의 방(Spiegelssa)도 단연 최고의 하이라이트라고 불린다. 당시 천재 음악가로 불리었던 여섯 살 난 볼프강 아마데우스 모차르트가 궁전에 초대받아 여제를 위해 피아노를 연주하였던 장면을 상상해 보는 것만으로도 이곳의 매력은 충분하다.

이뿐 아니라 궁전 야외에도 웅장한 신고전주의풍 아치들, 모조 로마 유적, 화려한 분수, 인상적인 종려나무 온실을 완벽하게 갖추고 있어 대정원은 그야말로 눈부시게 화려하다.

이렇게 화려함을 자랑하는 쇤부른 궁전은 1918년 카를 1세 황제가 왕위에서 물러나 오스트리아가 공화국이 될 때 퇴임 연설을 한 안타까운 역사를 지닌 곳이기도 하다. 이때부터 궁전은 공화국 소유가 되었으며, 제2차 세계대전 동안 피해를 입어 1950년대에 복구된 후 현재 비엔나에서 가장 인기 있는 관광 명소 중 하나가 되었다.

역사적으로 많은 사건을 가진 이곳에서 '쇤부른'이 아름다운 샘물을 의미하는 만큼 이름에 걸맞은 아름다운 분수들을 바라보면서 그당시 마리아테레지 여제가 걸었던 정원들을 산책하는 것도 하나의 추억을 남기는 좋은 방법이다. 프랑스 스타일로 꾸며진 쇤부른 정원이 궁전 관람으로 지친 피로를 말끔히 씻어 줄 것이다.

정원을 걷다 보면 화려하고 다양한 건축물들과 함께 편안하게 휴식하고 있는 비엔나 사람들을 보면서 그 당시 찬란하였던 합스부르크의 영광을 잠깐이나마 체험할 수 있다는 것이 얼마나 행복한가를 느끼는 시간이 될 것이다.

● 흥미진진한 수집품이 가득 ●

비엔나 자연사 박물관
(Naturhistorisches Museum Vienna)

미술사 박물관을 바라보고 있는 건물로 1750년부터 합스부르크 왕가의 수집품 보관 장소로 사용되었으며, 빈 미술사 박물관과 함께 국왕 프란츠 요제프 1세의 제국광장 건설계획의 일환으로 1889년 8월 10일 개관했다. 건축과 설계는 고트프리트 셈퍼(Gottfriet Semper)와 카를 하나네주어(Carl Hasenauer)가 맡았다.

런던의 자연사 박물관과 함께 세계에서 가장 가치가 높은 것들이 보존되어 있는 것으로 유명하다. 비엔나 미술관 건물과 건축학적 기법은 물론 분위기까지 흡사하며, 박물관 건물 앞에는 지혜로운 정치로 국민의 존경을 받은 마리아 테레지아(Maria Theresia)의 동상이 꼭 건축물을 감시하는 것처럼 우뚝 서 있는 것을 볼 수 있다.

박물관 안은 선사시대부터 현대에 이르기까지 자연에 관한 흥미진진한 수집품들로 가득 차 있어, 다른 유럽 지역 박물관과는 다른 분위기를 느낄 수 있기 때문에 꼭 방문해 보아야 한다.

이 박물관에는 3만여 점의 작품이 소장되어 있는데, 그중 특히 가장 많이 사랑받고 있는 작품으로는 인류 역사상 가장 오래된 미술품

비엔나 자연사 박물관

인 조각품 〈빌렌도르프의 비너스〉, 117kg의 거대한 토파즈 원석, 약 1,500개의 다이아몬드로 만든 마리아 테레지아의 보석 부케 등이 있다.

● 합스부르크 왕조의 컬렉션 ●

비엔나 미술사 박물관
(Kunsthistorisches Museum Vienna)

19세기 유럽에 설립된 미술관 건물 중 가장 중요한 건물 중 하나이다. 1858년 프란츠 요제프 1세(Emperor Franz Joseph Ⅰ)의 영토 확장을 기념하여 세워진 기념비적인 건축물로, 합스부르크 왕조가 수 세기에 걸쳐 수집해 온 보물과도 같은 예술 작품들을 한데 모은 것이다.

파리의 루브르 박물관, 마드리드의 프라도 박물관과 함께 유럽 3대 미술관에 꼽힌다. 프랑스에 가면 루브르 박물관, 스페인 가면 프라도 미술을 절대 놓치지 않고 방문하는데, 오스트리아를 방문하는 한국 관람객들은 비엔나 미술사 박물관의 명성을 체험하지 않고 그냥 지나치는 경우가 많다. 나는 그들에게 꼭 이야기하고 싶다. 만일 비엔나 미술사 박물관을 그냥 지나치게 된다면 나중에 비엔나에 대한 아쉬움이 엄청 클 것이라고 말이다.

비엔나 미술사 박물관의 웅장한 건축물은 합스부르크 왕조와 여러 후원자들이 수 세기 동안 수집한 방대한 예술 작품들에 걸맞게 세상에서 가장 환상적인 모습을 하고 있다. 소장품의 범위는 고대 이집트 및 그리스, 로마 골동품부터 중세 시대 미술 작품과 화려하기 그지없는 르네상스 및 바로크 예술 작품까지 매우 다양하다.

벨라스케스의 〈흰 드레스를 입은 마르가리타 테레사 공주〉 등 한국 사람들이 좋아하는 많은 작가들의 작품이 전시되어 있어 있다. G층 · 1층 · 2층으로 구성되어 있는데, G층에는 고대 그리스 · 로마, 고대 이집트의 조각과 응용미술이, 1층에는 많은 사람들이 좋아하는 회화작품이, 2층에는 동전과 메달 등이 전시되어 있다.

비엔나 미술사 박물관

미술사 박물관의 하이라이트인 1층에는 루벤스, 렘브란트, 베르메르 등의 작품을 전시한 네덜란드 · 플랑드르 · 독일 회화관, 나머지 한쪽은 라파엘로, 브론치노, 카라바조 등의 작품을 전시한 이탈리아 · 스페인 · 프랑스 회화관으로 구성되어 있다.

너무나 많은 작품이 전시되어 있으니 욕심 부리지 말고 풍속화의 대가 피에테르 브뢰헬을 시작으로 플랑드르 바로크의 거장 루벤스 작품과 함께 요하네스 베르메르의 작품으로 흥분을 조금씩 뒤로하며 화려한 풍경화의 대가 알브레히트 뒤러의 작품으로 마무리하길 바란다. 그러다 보면 미술에 관심을 가지지 않았던 사람들도 자신도 모르게 사랑하는 미술가를 갖게 되는 미술관으로 기억될 것이다.

● 가장 사랑받는 미하엘 광장의 주인공 ●

호프부르크 왕궁(Hofburg Wien)

650년의 역사를 지닌 합스부르크 왕가의 궁전으로, 1918년까지 거주하였던 곳이다. 다른 나라의 왕궁에 비하면 약소해 보인다고 하지만, 역사적으로는 절대 뒤지지 않는 왕궁이다.

1220년경에 세워진 이래 여러 군주들이 새로운 건물들을 차례로 증축하면서 다양한 건축 양식의 집합체가 되었다. 1914년 네오바로크 양식으로 신 왕궁이 건설되면서 지금의 모습을 이루고 있다.

왕궁에는 가장 오래된 스위스 문과 박물관이 함께 빈 소년 합창단원의 성가를 들을 수 있는 구왕궁과 세계에서 가장 오래된 스페인 승마학교 그리고 대통령 집무실과 함께 도서관 등은 신 왕궁에 있다.

그리고 왕궁 앞의 미하엘 광장은 오스트리아 시민들에게 가장 사랑받는 광장으로 알려져 있다. 다른 나라는 왕궁에 관한 관심이 가장 크지만, 오스트리아에는 다양한 아름다운 궁전들이 많아서 그런지 호프부르크 왕궁이 많은 사람들에게 사랑받지 못하는 게 아쉽기만 하다.

● 클림트의 회화 컬렉션으로 유명한 ●

벨베데레 궁전(Schloss Belvedere)

'좋은 전망의 옥상 테라스'라는 이탈리아 건축 용어에서 유래한 벨베데레 궁전은 오스만 제국을 물리친 전쟁영웅 유젠왕자의 궁전으로 완공되었다. 오스트리아 바로크 건축의 거장 힐데브란트(Johann Lukas von Hildebrandt)가 벨베데레를 이루는 상궁과 하궁을 모두 설계하였으며, 그와 인연이 있던 베네치아 출신 스타네티의 도움으로 아름다운 바로크 건축물이 되었다.

개인적으로 비엔나에서 가장 아름다운 건축물로 꼽는다. 상궁은 하궁에 비해 보다 화려하게 장식되어 있을 뿐 아니라, 상궁 앞의 연못은 궁전과 함께 웅장함과 화려함을 더해 준다. 상궁과 하궁 사이에는 프랑스식 정원이 있어 산책을 즐기기에 더없이 좋다.

합스부르크가에서 이 아름다운 궁전에 큰 관심을 가진 결과, 벨베데레 궁전을 매입해 증축하고 가문에서 가지고 있던 엄청난 미술 수집품들을 이곳에 보관하였다.

그뿐만 아니라, 1차 세계대전의 시작점이 되었던 사라예보에서 암살당하는 황태자 프란츠 페르디난트가 살았던 곳으로도 알려져 있다. 상궁은 역사적으로 제2차 세계대전 패전에 따른 신탁통치가 끝난 후, 오스트리아 독립을 위한 의미 있는 장소이기도 하다.

역사적으로도 많이 알려진 이곳에는 전 세계에서 가장 사랑받고 있는 화가의 전시 작품들도 많이 전시되어 있다. 오스트리아의 대표적인 화가이자 한국 사람들이 가장 좋아하는 작품인 구스타프 클림프의 대표 작품인 〈키스(The Kiss)〉 또한 이곳에 있는데, 벨베데레 궁전은 클림트(Gustav Klimt)의 회화 컬렉션으로 가장 유명한 곳이다.

그림에 금박을 사용해 독특한 분위기를 내는 클림트의 작품을 보기 위해 많은 관광객이 이곳을 찾는다. 그의 대표작인 〈키스〉, 〈유디트 I (Judith I)〉를 비롯해 〈아델레 블로흐 바우어 부인의 초상(Portrait of Adele Bloch-Bauer)〉 등 유명 작품 외에 풍경화도 보유하고 있다.

클림트에게 수학한 에곤 실레(Egon Schiele)의 걸작 〈죽음과 소녀(Death and the Maiden)〉나 〈포옹(The Embrace)〉, 오스카 코코슈카(Oskar Kokoschka)의 작품 등도 인기 있다. 리하르트 게르스틀

(Richard Gerstl)의 〈웃는 자화상(Selbstbildnis, lachend)〉도 눈길을 끈다.

이러한 작품들뿐 아니라, 2층에는 〈오이겐 공의 승전〉이라는 프레스코화가 있다. 회화 작품 외에 독일 조각가인 프란츠 메서슈미트의 찌푸린 얼굴을 주제로 한 두상 연작도 만나 볼 수 있다. 아무리 시간이 빠듯하더라도 벨베데레 궁전에서는 꼭 여유를 가지고 많은 작품들을 감상하는 시간을 가져 보았으면 한다.

하지만 관광객들에게는 제약된 시간과 많이 다녀야 한다는 욕심 때문에 많은 시간을 소비하지 못하는 경우를 흔히 보았다. 그래도 벨베데레 궁전에서 꼭 이것만큼은 여유로운 시간을 가지고 감상하였으면 한다.

첫 번째로 클림트의 〈키스〉이다. 벨베데레 컬렉션 중 단연 으뜸이라고 할 수 있다. 이 작품은 4m에 이르는 면적의 캔버스에 클림트 특유의 황금빛 찬란한 색채로 서로 포옹하고 있는 연인을 우의적으로 표현한 것으로, 전 세계 사람들로부터 가장 사랑받는 작품이다.

두 번째로 벨베데레 궁전의 또 다른 볼거리인 아름다운 정원이다. 유럽 역사상 가장 중요한 프랑스식 정원으로, 후기 바로크 시대의 정원 디자인을 잘 보여 준다. 위에서 아래로 단을 이루어 꾸며져 있으며, 축을 중심으로 하여 좌우대칭으로 세 개의 단차를 가지고 있다.

상궁에서 내려다보면 첫째 단은 화단 없이 잔디만으로 이루어져 있고, 두 번째 단은 양쪽 중앙에 연못과 분수, 화단을 두고 있으며,

벨베데레 상궁

클림트 〈키스〉의 퍼즐 기념품

Part 1 낭만과 음악을 꿈꾸는 나라 **오스트리아**

마지막 하궁 쪽의 단은 숲을 연상케 하는 듯 나무가 빽빽이 심겨 있는 것을 볼 수 있다. 좌우 대칭을 이루는 전형적인 프랑스식 정원의 모습뿐만 아니라, 완전한 평면이 아닌 노단 형식의 단차를 지형적으로 살리는 이탈리아식 정원 양식도 보인다. 또한 18세기 바로크 양식의 건축과 정원이 잘 어우러진 독특한 공간 구성을 가진 정원이라고 할 수 있다. 벨베데레 상 · 하궁과 함께 유네스코 세계문화유산에 등재되어 있다.

세 번째로는 근대 예술의 최고의 작품으로 불리는 벨베데레 상궁의 모습이다.

네 번째로는 벨베데레 하궁으로 매번 바뀌는 주제에 따라 특별 전시를 열고 있다. 오랑제리(Orangery)는 최고 수준의 기획전시관으로, 1903년에 현대미술관으로 개관한 이래 본래의 사명에 따라 세계적인 오스트리아 작품들을 소개하는 데 힘을 쏟고 있다.

● 비엔나의 상징이자 혼 ●

성 슈테판 대성당(Domkirche St. Stephan)

성 슈테판 대성당은 오스트리아 최고의 고딕 성당으로 비엔나 관광의 중심이다. 많은 역사를 담고 있을 뿐 아니라 모차르트의 화려한 결혼식과 초라한 장례식이 이루어졌던 비엔나의 상징이자 혼으로서 오스트리아 국민들에게 가장 사랑받는 성당이다.

1137년 로마네스크 양식으로 건설을 시작하여 백 년 뒤에 완성되었다. 그 후 1258년 비엔나를 휩쓸었던 대화재로 전소되었다가 1263년 보헤미아 왕에 의해 재건된 것을 1359년 합스부르크 왕가가 로마네스크 양식의 성당을 헐어 버리고 고딕 양식으로 개축하였다. 1683년에는 터키군인에 의해, 1945년에는 독일군에 의해 많이 파괴되었으나, 전쟁이 끝난 후 복구를 시작하여 대부분 옛 모습을 찾았다.

성 슈테판 대성당은 옛 건물이 가득 들어찬 구시가지의 중심부에 있다. 길이가 107m, 천장 높이가 39m에 이르는 거대한 사원이다.

성 슈테판 대성당

높이 137m에 달하는 첨탑과 25만 개의 청색과 금색 벽돌로 만든 화려한 모자이크 지붕이 눈에 띈다.

많은 사람들이 성당 앞에 서 있다면, 이 거대한 건축물에 놀랄 수밖에 없다. 그러다 보면 나 자신도 모르게 내 발걸음이 이 성당 입구로 향하게 된다.

일반적인 성당과 달리 이 성당은 입구가 거인의 문이라고 불리는데, 그 이유가 있다. 기초공사를 위해 땅을 팠을 때 엄청나게 큰 뼈가 발견됐는데, 당시 사람들은 이것이 노아의 홍수 시대에 물에 빠져 죽은 거인의 발뼈라고 여겼다. 그래서 그때부터 '거인의 문'이라 불렸다고 한다.

입구 바로 왼쪽 벽에는 두 개의 쇠막대기가 박혀 있다. 짧은 것은 78.6cm이고 긴 것은 89.6cm인데, 이것은 옷감 길이의 단위인 당시의 '1야드'의 표준이 되었다. 긴 것은 일반 옷감, 짧은 것은 린넨 옷감의 표준 척도로 사용되었다.

성당 안에 들어서면 왼쪽 끝에 작은 규모의 성 십자가 예배당이 있는데, 이곳은 모차르트의 장례식이 거행된 곳이다. 예배당 바닥에는 오스만튀르크 군대를 몰아낸 전쟁영웅 오이겐 공(Prinz Eugen)의 묘소가 있다.

왼쪽 두 번째 높은 기둥 아래를 감고 올라가는 계단에는 고딕 양식의 설교단이 있다. 마이크나 스피커가 없었던 당시에 교인들이 설교를 더 잘 들을 수 있도록 기둥을 세워 설교단을 만든 것이다. 조각으로 장식된 이 설교단에서는 서방 기독교의 4대 교부인 성 아우구스티누스, 성 암브로시우스, 성 히에로니무스, 성 그레고리우스의 얼굴을 볼 수 있다. 난간에는 두꺼비·도마뱀 등의 장식이 조각되어 있는데, 이는 선과 악의 투쟁을 상징한다. 계단 꼭대기에는 돌로 만든 강아지가 있어 침입자로부터 설교자를 보호하는 역할을 했다.

더 눈길을 끄는 것은, 그 아래에 빵떡모자를 쓰고 창문을 통해 몸을 밖으로 살짝 내밀고 있는 남자의 모습이다. 오르간을 등으로 바치고 있는 듯한 그는 손에 컴퍼스와 직각자를 들고 있고, 아래에는 'M.A.P가 1515년 제작했다'는 큼지막한 문구도 보인다. 이 인물은 안톤 필그람(Anton Pilgram, 1460~1516). 당시 중세 유럽에서는 예술가의 사회적 위상이 그리 대단치 않아 자신의 이름을 내세우는 경우가 별로 없었다고 하는데, 예술가가 이렇게 자신의 이름을 큼지막하게 기록해 놓은 것이 많은 유럽 국가를 다녀 본 나에게는 아주 인상적으로 보였다.

북쪽 탑으로 올라가는 입구 건너편에는 15세기에 제작된 예수 그리스도의 고통받는 조각상이 있다. 비엔나 사람들은 이를 두고 '치통의 그리스도'라고 부르는데, 여기에는 재미있는 전설이 전해진다. 원래 이 상은 성당 밖에 있었고 사람들이 꽃을 바치곤 했는데, 꽃이 바람에 날려가지 않도록 천으로 묶어 놓곤 했다. 어느 날 청년 세 명이 지나가다가 그리스도의 얼굴이 천으로 둘러싸인 모습을 보고는 마치 예수가 치통을 앓는 것 같다며 웃었다고 한다. 그런데 그날 밤 세 사람 모두 집에서 원인 모를 심한 치통을 앓게 되었고, 이곳을 다시 찾아 용서를 구하며 회개했더니 치통이 말끔하게 나았다고 한다. 천일야사처럼 들리겠지만, 오스트리아 사람들은 웃으면서 항상 이런 이야기를 실화처럼 이야기하고 있다.

북쪽 측면에 세워진 종탑의 크기는 남쪽 첨탑의 절반 정도인 68.4m이다. 이는 탑을 세우던 중, 오스만튀르크 군대의 위협을 받는 바람에 종탑 건설에 필요한 노동력을 도시 성벽 건설에 투입한 탓에, 짓다 만 것과 같은 높이가 돼 버린 것이다.

이 종탑에 있던 종은 원래 1683년 비엔나를 포위했던 오스만튀르크가 물러나고 난 뒤 포획한 대포들을 녹여 1711년 만든 것으로, 오스트리아 사람들에게는 그야말로 자신감의 상징이었다. 그러나 제2차 세계대전 중 파괴되어 1957년 지금의 것으로 다시 만들었다.

성 슈테판 대성당은 유럽의 다른 성당과 다른 점이 하나 있다. 유럽 여행 경험이 많은 사람들은 금방 찾을 수 있다. 그것은 바로 다른 성당과 달리 세워진 방향이 조금 특이하다는 점이다. 유럽에서는 대부분의 대성당이 동서축으로 세워져 있어서 입구가 동쪽이나 서쪽을 향하는데, 성 슈테판 대성당의 중심축은 4시 방향으로 틀어져 있다. 그것은 이 성당을 지을 때 12월 26일 아침에 해가 떠오르는 방향을 중심축으로 잡았기 때문이다.

한편 지하에는 지하유골 안치소 카타콤이 있는데, 페스트로 죽은 사람의 유골 약 2,000구와 합스부르크 왕가 황제들의 유해 가운데

심장 등의 내장을 담은 항아리 및 백골이 쌓여 있다. 당시에 유대인들이 페스트를 퍼뜨렸다는 소문이 돌아서 많은 유대인들이 추방되거나 처형되었다.

시간이 된다면 성구 보관실 탑까지 오를 수 있는데, 총 418계단으로 엄청난 노력이 필요하지만, 전망대에 올라서면 고난 끝에 행복이라는 말을 새삼 느낄 수 있다. 다른 곳에서는 결코 경험할 수 없는 모자이크 모양의 타일 무늬 지붕을 볼 수 있기 때문이다. 여기에서는 '1950'이라는 글자를 볼 수 있는데, 2차 세계대전에 성당의 피해와 힘들었던 복구 작업을 상기시켜 준다는 의미를 지닌다.

날씨가 좋은 날에는 비엔나의 전경과 함께 카르파티아 산맥과 체코 지역인 모라비아 지역까지 볼 수 있다. 그리고 성당을 다 보고 나

성 슈테판 대성당 지붕

서 앞에 나오면 오스트리아 가장 번화가에 야외 카페가 눈에 들어온다. 여기에 앉아 오스트리아 전통 커피인 멜랑지 커피를 마시면서 이 성당을 보기 위해 많은 나라에서 온 관광객들을 바라보는 것 또한 비엔나 투어에서 놓치지 말아야 할 구경거리다.

● 일 년 내내 펼쳐지는 축제의 장 ●

비엔나 시청(Rathaus)

구시가의 옛 시청사를 대신하여 1883년 세워진 네오고딕 양식 건물로서 세계에서 가장 아름다운 시청으로 뽑힌 벨기에 브뤼셀 시청을 모델로 만들었다. 첨탑의 높이는 100m로 꼭대기에는 갑옷을 입고 창을 든 기사상이 있다.

시민을 위해 시청 광장을 개방하고 있어 문화공간으로 이용되는데, 서울 시청 광장을 시민들에게 개방한 것이 빈 시청사를 벤치마킹한 것이라고 한다.

이곳은 여름에는 필름 페스티벌이, 겨울에는 강림절 행사인 크리스마스마켓이 열리는 등 일 년 내내 크고 작은 축제들의 장이 된다. 7~8월 여름밤에 열리는 필름 페스티벌에서는 대형스크린을 통해 세계적으로 유명한 지휘자 및 오케스트라의 콘서트, 그리고 오페라가 무료로 상영된다.

비엔나 시청사

다른 유럽 지역보다도 더 성대한 축제를 맞이하는 오스트리아 크리스마스마켓은 11월 16일부터 12월 24일까지 열린다. 행사가 시작되면 시청 앞에 먹을거리와 크리스마스 장식품이 진열되며, 페스티벌 홀에서는 전 세계 합창단이 참가하는 크리스마스 캐럴 콘서트가 금요일부터 일요일까지 열린다.

한국에서는 크리스마스 분위기를 느끼기가 점점 어려워지고 있는데, 인생의 버킷리스트로 진정 크리스마스 분위기를 즐기길 원한다면 꼭 크리스마스 시즌에 이곳을 방문하길 바란다.

천재 건축가 훈데르트바서

(Friedensreich Hundertwasser)

비엔나를 다니다 보면 다양한 건축 작품들이 많이 보인다. 현대적인 건축물과 함께 옛 건물들이 자연스럽게 융화된 모습을 보면서 음악뿐 아니라 건축물도 다른 유럽에 비하여 많이 발전되었음을 알수 있다. 그러다 보니 오스트리아에서는 천재 건축가가 탄생되기도 했다.

그중 한 명인 천재 건축가이자 화가, 그리고 환경운동가인 이 건축가의 작품들을 감상하고 싶을 것이다. 그는 바로 훈데르트바서로, 유대인 가정에서 자랐으며 본명은 프리드리히 스토바서(Friedrich Stowasser)이다. 그는 어렸을 때부터 색채와 형태에 대한 남다른 감각을 지니며 예술에 두각을 나타냈다.

그의 작품을 보면 예사롭지 않다는 것을 알 수 있듯 그의 삶 또한 독특하였다. 다니던 학교를 하루 만에 그만두고 세계를 돌아다니면서 견문을 넓혔으며, 자연주의적 철학에 입각하여 다양한 색채와 곡선을 이용하여 유기적인 건축물을 많이 만들었다.

건축을 시작한 이유는 기능주의와 실용주의에 바탕을 둔 현대건축물이 사람을 병들게 하고 있다는 생각 때문이었다고 한다. 그래서일까? 그의 작품들마다 생명을 불어넣어 '건축치료사'라는 이름을 얻기도 하였을 만큼, 그는 "진정한 건축물이란 사람들이 그 공간 속에 이사 온 순간부터 시작되어야 한다."며 입주자와 건축물 사이에 밀접한 상호관계가 가장 중요하다고 생각했다.

자연에는 직선이 없다는 신념을 건축에도 쏟아부었다. 자연에서 만들어진 곡선이 존중되며, 부드럽고 유기적인 물의 흐름을 표현하여 지금 보아도 예사롭지 않은 작품들을 많이 만들었다. 이를 위해 그는 흙과 벽돌, 화강암, 목탄 등 자연주의적 친환경 재료를 사용했다. 색에서도 그의 성향을 알 수 있다. 녹색, 짙은 갈색, 검은색을 주로 써서 자연과 어울리도록 하였으며, 대지의 경계를 무시하고 지붕 위에 흙을 덮거나 아래에 건축하기도 했다.

이러다 보니 그는 자연과 인간의 조화를 주장하며 자연보호, 산림운동, 반핵운동 등 예술 밖에서도 활발한 운동을 실천한 환경 운동가로서의 역할도 하였다. 생태주의 복음을 설파하며 워싱턴 환경교육센터에 "당신은 자연에 잠시 들른 손님이다. 예의를 갖추어라."는 문구를 넣은 포스터를 제작하고, "고래와 바다를 구하자."는 문구를 넣은 작품을 그린피스에 기증하기도 하였다.

이뿐만 아니라 식물을 이용한 정수시스템 개발, 부식토변기를 만들어 환경보호상을 수상하는 등 다양한 방식으로 자신의 자연주의 철학을 선보였다. 일생을 환경보호와 아름다운 세상을 만들기 위해 헌신하였을 정도로 건축가로서 독특한 이력을 가졌다.

비엔나 구시가지 거리

훈데르트바서의 대표적인 건축물 1. 훈데르트바서 하우스

이러한 천재 건축가인 훈데르트바서는 구스타프 클림트, 에곤 실레와 함께 20세기 오스트리아 대표 예술가 3인방 중 한 명으로 꼽힌다. 강렬한 색상과 독특한 미감, 기발한 상상력으로 그림과 건축을 종횡무진 넘나들었다. 그가 설계한 '쿤스트하우스 비엔나', '훈데르트바서 하우스', '슈피텔라우 쓰레기 소각장'은 오스트리아 수도 비엔나를 대표하는 관광명소로 꼽힌다.

참고로 훈데르트바서는 4번이나 이름을 바꾸었다. '스토바서'에서 20세에 '훈데르트바서'로 바꾼 다음, 체코를 여행하면서 체코어로 스토가 숫자 100을 뜻한다는 것을 알고 자신의 성을 시각적으로 표현하고자 자신의 작품에 'Huwa, 100', 세 개의 물결선으로 구성된 새로운 심벌 형태를 서명하였다.

또한, 1961년 일본에 머물며 일본 전통 목판화를 연구하던 훈데르트바서는 자신의 이름을 일본어로도 쓸 방법을 고민하다가 프리데라이히라는 이름을 하나 더 갖게 된다. 이토록 괴짜였던 훈데르트바서의 작품들을 찾아가는 것만으로도 비엔나에서 색다른 추억을 만들 수 있을 것이다.

훈데르트바서의 건축물을 관광하다 보면, 머릿속에 스페인의 천재 건축가 안토리오 가우디가 같이 떠오를 것이다. 스페인의 바르셀로나를 떠올리면 어김없이 생각나는 인물 중 하나가 바로 '가우디'다. 바르셀로나는 '가우디의 도시'라 해도 무방할 정도로 가우디의 손을 거쳐 탄생한 건축물을 거리 곳곳에서 볼 수 있다.

훈데르트바서의 대표적인 건축물 2, 훈데르트바서 타워

훈데르트바서의 대표적인 건축물 3, 훈데르트바서 하우스

바르셀로나 사그라다파밀리아 성당

Part 1 낭만과 음악을 꿈꾸는 나라 **오스트리아**

자연을 사랑하고, 그 자연을 닮은 건축물을 자기만의 개성을 담아 완성시킨 천재 건축가 가우디의 생애를 살펴보면 훈데르바서와 공통점이 많다. 그중 하나는 둘 다 자연을 추구한다는 점이다.

가우디가 태어난 근처에 '몬세라트'라는 산이 있는데, 그 산이 그에게 큰 영향을 주었다고 한다. 어릴 때부터 몸이 좋지 않아 가 보고 싶어도 갈 수는 없었지만, 멀리서 높이 솟은 산들의 다양한 바위들을 바라보며 놀기를 즐겼다고 한다. 가우디에게 자연은 놀이터이자 교과서였다.

그래서 비엔나에서 훈데르트바서 작품들을 보았다면, 다음번에는 스페인 바르셀로나에 가서 안토니오 가우디 작품들과 비교해 보는 것도 재미있을 것이다. 또는 바르셀로나에서 가우디의 작품들을 이미 보았다면, 비엔나에서 그 기억을 떠올리며 훈데르트바서의 작품들을 보면서 비교해 가는 재미를 느낄 수 있을 것이다.

● 유럽의 최고 권력 ●

합스부르크 가문(Haus Habsburg)

합스부르크 가문은 현재 프랑스 지역인 하부 알자스의 노르트가우 백작 가문 출신의 부자 군트람(904~946)에 의해 시작된 것으로 알려진다. 합스부르크 가문의 본토라고 불리는 지금의 스위스 북부 지역에 근거지를 삼게 되었으며, 이 작은 곳에서 시작한 합스부르크 역사는 외교술에 의하여 꾸준히 성장하였다.

신성 로마 제국의 제후들은 능력 있는 왕의 등장을 바라지 않았기 때문에 가장 약소했던 스위스 합스부르크가의 루돌프 백작을 왕으로 선출했는데, 이것이 합스부르크 왕가의 시작이다. 이 계기를 놓치지 않은 1273년은 합스부르크 가문으로서는 잊을 수 없는 해가 되었다. 왜냐하면 스위스 알프스 북부 지역의 작은 봉건영주에 불과하던 합스부르크 가문의 루돌프 1세가 독일 선제후들에 의해 신성로마 독일 왕으로 선출되었기 때문이다.

루돌프 1세가 하루아침에 독일의 제왕으로 등극하면서 합스부르크 가문은 어엿한 유럽의 왕가로 급성장하게 되었다. 이 사건을 계기로 합스부르크 가문은 오늘날의 오스트리아 영토를 소유하게 되는 절호의 기회를 얻었고, 그 결과 중세 유럽의 세력 판도가 완전히 달라졌다.

1452년에는 프리드리히 3세가 로마의 황제로 등극했다. 그의 황제 대관식은 로마에서 교황 니콜라우스 5세가 직접 집전하며 진행되었다. 그것은 합스부르크 가문으로서는 대단히 상징적인 의미를 갖는 사건이었고, 이제 합스부르크 왕실은 이후 460년 동안 신성로마 제국의 황제를 배출하는 어엿한 황실로 거듭나게 되었다.

신성로마제국의 황위를 넘겨받은 오스트리아 계보는 다시 티롤 계보인 페르디난트 2세 황제에 의해 유지되다가 마리아 테레지아의 부왕인 카를 6세까지 이어졌다. 황제 카를 6세는 오랜 협상 끝에 왕자가 아닌 공주가 상속자가 될 수 있음을 명시한 국사 조칙을 공인받는 데 성공하였고, 이 사건으로 마리아 테레지아가 여성으로서 왕위에 오르는 합스부르크 가문의 역사상 최초이자 마지막 인물이 되었다.

1741년 여왕에 등극한 마리아 테레지아는 오스트리아 왕위계승 전쟁에서 유럽의 군주들과 맞싸워 오스트리아의 왕위를 지켜 냈다. 우리가 알고 있는 마리아 테레지아가 승승장구를 시작하였던 정책이 바로 그 유명한 결혼 정책이다.

마리아 테레지아 여왕은 그녀의 왕위계승권을 처음부터 반대한 프로이센의 프리드리히 2세를 견제하기 위해 프랑스와 이탈리아 등 강력한 유럽 왕실과의 정략결혼을 추진했다. 그녀는 열 번째 딸 마리아 카롤리네 대공비를 프랑스 부르봉 가문의 젖줄이 닿아 있는 시칠리아 공국의 페르디난트 3세와 결혼시켜 스페인과 나폴리, 시칠리아의 왕인 카를 3세와 사돈 관계를 맺었고, 궁극적으로 이탈리아와 함께 반(反)프로이센적 연합전선을 구축하는 데 성공했다.

또한 그녀의 막내딸 마리아 안토니아(마리 앙트와네트) 대공비를 프랑스의 루이 16세와 결혼시켜 프랑스의 대외 정치에 입김을 불어넣고자 했으나, 그의 딸이 단두대에서 공개 처형당하면서 그녀의 모든 계획이 수포로 돌아가고 말았다.

합스부르크 왕가와 프랑스와의 대립은 나폴레옹 시대까지 계속되

자연사 박물관 앞 마리아 테레지아 여제

합스부르크 왕관

Part 1 낭만과 음악을 꿈꾸는 나라 **오스트리아**

어 나폴레옹과도 시종 적대 관계에 있었으나, 결국 전쟁에서 패하여 라인동맹 성립을 계기로 신성로마제국의 칭호를 버리기도 하였다.

또한 우리 세계사에서 가장 큰 사건으로 불리는 1차 세계대전의 시작점이 된 1914년 6월 28일, 사라예보에서 울린 총탄은 오스트리아 황태자 프란츠 페르디난트 부부의 죽음을 알리는 신호탄뿐 아니라 650년 동안 군주의 품격을 유지해 온 합스부르크 왕가 몰락의 시작점이 되고 말았다.

한 달 뒤, 오스트리아-헝가리 제국이 세르비아에 선전포고를 하면서 촉발된 4년 동안의 1차 세계대전에서 오스트리아 합스부르크 제국은 패전과 함께 역사의 뒤안길로 영원히 사라져 버렸다. 그 뒤 제1차 세계대전에서 오스트리아가 패전함으로써 500년에 가까운 황제가(皇帝家)로서의 역사는 결국 막을 내리고 만다.

오로지 전쟁을 통해 해결하는 데 혈안이 된 근대 유럽의 군주들 사이에서 정략결혼을 통해 대외 문제의 외교적 실마리를 찾으려는 여왕 마리아 테레지아의 노력은 분명 한계를 지닐 수밖에 없었다. 그럼에도 불구하고 13세기 중세의 봉건영주에 불과했던 합스부르크 가문이 20세기까지 유럽의 튼실한 황실로 자리 잡는 데 결혼 정책이 중요한 역할을 수행했다는 사실은 부정할 수 없다.

전쟁을 하지 않고 결혼으로 세력을 넓혀 다양한 형태의 언어 · 종교 · 문화 · 전통을 쉽게 수용함으로써 대륙 유럽의 통일성을 유지하는 기초를 만들었을 뿐 아니라 대항해 시대의 전성기를 맞이하는

비엔나 왕궁

16~17세기에 대서양과 아시아에 식민지 개척을 할 수 있는 토대를 다졌으며, 유럽 역사상 가장 큰 역할을 수행하였던 합스부르크 왕가도 19~20세기 유럽에서 군사적인 혁명과 민족주의 운동에 어려움을 겪으며 끝내 역사 속으로 사라지고 말았다.

많은 학자들도 합스부르크 가문을 오스트리아뿐 아니라 유럽 전 지역에서 최고의 권력을 누리며 많은 문화 · 역사를 가꾸어 나간 유럽 최고의 가문으로 손꼽는다.

그런데 이러한 합스부르크 가문에도 저주가 있었으니, 그것은 바로 유전병인 '주걱턱'이다. 합스부르크 왕조는 자신들의 고귀하고 높은 혈통을 지키기 위하여 근친혼을 하였다. 근친혼을 하게 되면 다양한 유전자가 섞이지 못하여 좋지 않은 증상이 나타나는데, 그 결과 대표적인 유전병 '주걱턱'이 나타난 것이다.

카를 5세

합스부르크 카를로스 2세

대를 거칠수록 주걱턱의 정도가 심해지면서 마지막 왕조의 카를로스 2세는 입을 다물 수 없을 정도였다고 한다. 결국 위장 장애와 정신 이상으로 더 이상 자손을 가지지 못하게 되면서 화려한 합스부르크 가문은 역사 속으로 사라지고 말았다.

합스부르크 왕조는 특히 다른 왕조들에 비하여 미를 중요시했기 때문에, 자신들의 주걱턱을 최대한 가리기 위해 많은 노력을 기울였다. 그 방법으로 옷에 화려한 장식을 하여 합스부르크 왕가의 거의 모든 초상화에서는 목 부분이 풍성하게 부풀려진 옷이 등장한다.

주걱턱을 가리는 또 하나의 방법으로 부채가 있었다. 그 당시 부채는 여인들만 들 수 있었는데, 특히 마리 앙투아네트는 자신의 턱을 가리기 위해 여름이나 겨울이나 화려한 문양의 부채를 들었고, 이 때문에 귀족들 사이에서 부채가 유행처럼 번져 나갔다고 한다.

마지막으로 머리 장식을 화려하게 하는 방법을 사용하였다. 머리를 최대한 부풀린 다음 보석을 넣어 머리에 이목을 집중시키려고 했던 것이다. 이렇게 주걱턱을 가리려는 노력을 많이 하였음에도 불구하고 결국엔 주걱턱으로 인하여 합스부르크 왕조가 멸망하기까지 하였으니, 혈통을 지키려던 노력이 오히려 저주가 된 셈이다.

02

《장미의 이름》 무대,
멜크(Melk)

멜크 수도원(Melk Abbey)

비엔나에서 잘츠부르크 가는 길에 동화 속에나 나올 만한 아름다운 건축물이 눈에 띈다. 움베르토 에코(Umberto Eco)의 추리소설 《장미의 이름(The Name of the Rose)의 무대이자 바로크 양식의 대표적인 수도원인 멜크 수도원이다.

건물 자체는 1736년에 완공되었으나, 1738년 화재로 지붕 전체와 탑, 그리고 몇몇 방이 파괴되어 버렸다. 복구 작업은 마침내 성당이 축성된 1746년까지 계속되었다. 이곳은 1770년 루이 16세와 결혼식을 올리기 위해 프랑스로 이동하던 마리 앙투아네트가 하룻밤 묵었던 곳이기도 하다.

수도원의 백미는 1만6천여 권의 장서를 자랑하는 도서관으로, 중

멜크 수도원 계단

멜크 수도원 마당

멜크 수도원

앙홀에는 파울 트로거(Paul Troger)가 그린 성스러운 천장 프레스코
화가 눈길을 사로잡는다. 나선형 계단은 또 다른 12개의 도서실로
이어지는데, 아쉽게도 개방되지 않은 공간이다. 이곳에는 10만여 권
이상의 장서가 보관되어 있으며 이 중에는 희귀본도 포함되어 있다.
위대한 이탈리아 작가 움베르토 에코는 이 수도원에서 영감을 받아
수도원의 도서관이 핵심 장소로 등장하는 소설《장미의 이름》을 집
필을 하였다.

　반원형으로 튀어나온 외벽 테라스에서 내려다보이는 바하우 계곡
의 전경도 일품이다. 또한 매년 여름, 국제 바로크음악 축제와 서머
콘서트가 열린다. 900년 넘는 세월 동안 멜크 수도원은 로마 가톨릭
의 본거지였으며, 때로는 종교개혁에 대항하는 요새이기도 했다. 오

　　　　　Part 1　낭만과 음악을 꿈꾸는 나라 **오스트리아**

늘날 멜크 수도원에는 순례자들의 발걸음이 끊이지 않으며, 매년 수많은 관광객들이 방문하고 있다.

● 멜크 수도원 방문 전 꼭 알아야 할 ●

장미의 이름(The Name of the Rose)

이 책의 저자인 움베르트 에코는 1932년 이탈리아 출신으로 현대의 가장 저명한 기호학자이며, 동시에 뛰어난 철학자, 역사학자, 미학자로 평가받고 있는 볼로냐 대학의 교수이다. 많은 사람들이 멜크 수도원에 오면 전 세계 베스트셀러인 《장미의 이름》의 줄거리를 들려 달라고 했던 기억이 난다. 간단하게 줄거리를 살펴보면 다음과 같다.

1327년 겨울, 멜크 수도원의 젊은 수련사 아드소는 사부인 프란체스코회수도회의 박식한 수도사 윌리엄과 함께 황제가 내린 임무를 띠고 베네딕트 수도원에 도착한다. 수도원 원장은 윌리엄에게 장서관에서 일하던 수도사 아델모가 시체로 발견된 경위를 이야기하며 교황 측 조사관이 오기 전에 사건의 전모를 밝혀 달라고 한다. 윌리엄은 수도원의 여기저기를 둘러보며 아델모의 죽음을 추론해 나간다. 장서관 사서인 말라키아에게 장서관의 열람을 요청하나 거절당한다.

이튿날, 그리스어 번역가인 수도사 베난티오가 시체로 발견된다. 윌리엄은 장서관의 내력을 알아내고, 아드소와 함께 몰래 장서관으로 잠입한다. 이들은 장서관의 규모와 분위기에 놀라고, 미로 같은 구조 때문에 그곳을 빠져나오는 데 무척 애를 먹는다. 아침기도 시간에 보조사서 렝가리오가 보이지 않자 모두들 찾아 나서고, 아드소는 혼자 장서관으로 갔다가 돌아오는 길에 젊은 여인을 만나 함께 밤을 보낸다.

다음 날, 아드소는 윌리엄에게 그 일을 고해하고 함께 교회를 지나다가 베렝가리오의 시체를 발견한다. 윌리엄은 베렝가리오의 혀가 검게 변색된 것을 발견한다. 아드소는 이름도 모르는 여자 때문에 괴로워하고, 그녀는 마녀로 몰려 체포된다. 뒤이어 이상한 서책을 발견했다고 윌리엄에게 소식을 알려 온 수도사 세베리노가 시체로 발견되고, 마지막으로 장서관 사서 말라키아 역시 손가락과 혀가 검게 변한 채 죽는다.

새로운 장서관 사서 니콜라에게 수도원 원장과 늙은 수도사 호르헤에 관한 이야기를 들은 윌리엄은 장서 목록을 보고 장서관 사서의 계보를 알아낸다. 수도원 원장은 살인사건의 조사를 그만두라고 하지만, 윌리엄은 자신의 추론을 체계화하기로 결심한다. 윌리엄은 아드소의 말 속에서 힌트를 얻어 '아프리카의 끝'이라는 밀실을 찾아낸다. 그곳에는 늙은 수도사 호르헤가 있었다. 그는 40여 년 동안 이 수도원의 주인 행세를 하며 이단으로 금지된 서책에 수도사들이 접근

하지 못하도록 막아 온 장본인이었다.

아델모, 베난티오, 베렝가리오, 세베리노, 말라키아 등은 모두 '웃음은 예술이며 식자(識者)들의 마음이 열리는 세상의 문이다.'라는 내용을 다룬 아리스토텔레스(Aristoteles)의 《시학》 제2권의 유일한 필사본이 장서관에 있음을 알고 몰래 읽어 보다가 호르헤에게 독살당한 것이다.

윌리엄이 자신의 추론을 이야기하자 호르헤는 감탄하며 독약이 묻은 그 서책을 건네준다. 윌리엄이 장갑을 끼고 그 책을 받아 읽자, 호르헤는 등잔을 넘어뜨리고 《시학》을 빼앗는다. 밀실을 빠져나간 호르헤는 입으로 그 책을 씹기 시작하고 장서관이 있는 교회는 불길에 휩싸인다. 본관 3층의 장서관에서 본관 전체로, 본관에서 다른 건물로 계속 불이 옮겨붙고, 그 불은 사흘 동안 타오른다. 기독교 최대의 장서관을 자랑하던 그 수도원은 결국 폐허가 된다. 이후 아드소는 멜크 수도원으로 돌아가고 윌리엄은 흑사병으로 사망한다.

이 작품은 아리스토텔레스의 논리학과 토마스 아퀴나스(Thomas Aquinas)의 신학, 프랜시스 베이컨의 경험주의 철학뿐만 아니라 현대의 기호학 이론이 무르녹아 있는 생생한 지적 보고(寶庫)로서, 새로운 의미의 현대적 고전으로 평가된다. 특히 작가의 해박한 인류학적 지식과 기호학적 추리력이 빈틈없는 구성과 조화를 이루어 출간과 동시에 세계적으로 베스트셀러와 함께 영화로까지 제작되었다.

멜크 수도원을 방문하기 전, 이 내용을 먼저 알고 있거나 책 또는 영화를 미리 본다면 멜크 수도원의 매력을 더욱 잘 느낄 수 있을 것이다.

 여기서 "콕" ————————————————

멜크 수도원을 보고 나서 바하우 계곡을 따라 와인 산지 마을을 방문하길 바란다. 현지 식사와 함께 하우스 와인을 꼭 먹어 보자.

03

음악의 신동을 찾아
잘츠부르크(Salzburg)

잘츠부르크 전경

　'소금의 산'이라는 뜻의 잘츠부르크는 알프스 산맥에 둘러싸여 영화〈사운드 오브 뮤직〉과 함께 모차르트를 영혼을 찾기 위하여 사시사철 찾는 사람이 많은 도시이다. 이름처럼 예로부터 소금 산지로서 유명하였으며, 예전보다는 생산량이 줄었지만 지금도 이곳의 소금이 오스트리아 전역에 공급되고 있다.

　어렵게 소금 작업을 하지 않고 관광객만 맞이하더라도 잘츠부르크 시민들은 평생 잘살 수 있다고 한다. 그 이유가 첫 번째로 모차르트(Mozart)가 태어난 곳으로 전 세계에서 모차르트의 흔적을 찾기 위하여 엄청난 관광객들이 찾아오기 때문이다. 잘츠부르크시는 이를 기념하여 1920년부터 매년 여름 '잘츠부르크 음악제'를 개최하고 있다.

두 번째로 세계적으로 엄청난 사랑을 받은 영화 〈사운드 오브 뮤직〉의 배경지라는 점이다. 많은 관광객들이 남자는 카터 대령, 여자는 마리아가 된 것처럼 웃으면서 잘츠부르크 시내를 활보하는 모습을 자주 만나 볼 수 있다. 이를 위해 잘츠부르크시에서 관광 상품으로 '사운드 오브 뮤직 투어'를 만들었을 뿐 아니라 모차르트 생가, 바로크 건축 양식의 아름다움을 잘 보여 주는 잘츠부르크 대성당과 잘츠부르크성, 미라벨 정원 등 볼거리가 많다.

미라벨 궁전(Mirabell Palace)

오스트리아에는 지역마다 아름다운 궁전들이 있다. 특히 이곳 미라벨 궁전은 영화 〈사운드 오브 뮤직〉에서 마리아와 아이들이 계단에서 '도레미 송'을 불러 우리에게는 너무나 잘 알려진 궁전이다.

미라벨 궁전의 이름은 원래 알테나우 궁전이었는데, 17세기에 지어진 이 궁전을 18세기 초 유명 건축가 힐데브란트(Johann Lukas von Hildebrandt)가 바로크 양식의 궁전 모양으로 개축한 뒤 '아름답다'는 뜻의 미라벨 궁전으로 부르게 되었다고 한다.

처음에 이 궁전은 당시 1대 주교이자 권력자인 볼프 디트리히(Wolf-Dietrich)가 애인 살로메 알트와 그 사이에서 낳은 15명의 자식들을 위해 지은 것인데, 디트리히가 실각한 후부터 대주교 별궁으로 사용됐다.

지금 생각해 보면 "대주교가 결혼을? 그리고 자식도 무려 15명이나?" 하고 의아할 것이다. 그만큼 그 시절에는 종교가 타락하고 있었다는 증거가 아닐까 싶다. 하지만 대주교와 살로메 알트와 사랑 이야기는 너무나 멋진 로맨스로, 진한 감동을 준다.

1617년 죽음을 앞두고 대주교였던 볼트 디트리히는 짧은 글을 남기고 눈을 감았다고 한다. "사랑은 결국 고통이구나!"라고. 살로메 알트는 볼프 디트리히가 죽었다는 소식을 듣고 죽을 때까지 상복을

벗지 않다가, 14년 뒤인 1631년에 눈을 감았다고 한다. "사랑은 결국 고통이구나!"라 말하고 생을 마감한 대주교의 생각을 묻고 싶다. 과연 어떤 의미로 해석을 해야 하는가?

이러한 사랑 이야기가 담겨 있는 미라벨 궁전 내부에는 어려서부터 천재 소리를 들었던 모차르트가 6세 때 대주교 가족을 위해 연주했다는 대리석의 방이 호화로운 바로크 양식으로 꾸며져 있다. 지금도 실내악 연주회나 결혼식 장소로 사용되는 공간이다.

궁전의 정원은 1690년 바로크 건축의 대가인 요한 피셔 폰 에를라흐(Johann Fischer von Erlach)가 조성하고 18세기에 건축가 요한 루카스 폰 힐데브란트(Johann Lukas von Hildebrandt)가 개조했다. 전체적인 조화를 중시해 조성한 것이 특징이며 분수와 연못, 대리석 조

미라벨 궁전의 모습

영화 〈사운드 오브 뮤직〉의 '도레미 송' 계단

각물과 많은 꽃들로 잘 장식되어 있다.

　중앙 분수 주위에는 1690년 모스트(Most)가 그리스 신화 속 영웅을 조각한 작품이 늘어서 있고, 그 옆에는 유럽의 많은 바로크 예술품들을 전시해 놓은 바로크 박물관(Salzburger Barock Museum)이 있다. 정원 서쪽에는 1704~1718년에 만든 울타리로 주위를 두른 극장이 있고, 북쪽 문 앞에는 정교한 청동조각으로 꾸민 페가수스 분수가 있다.

　너무나 아름다웠던 미라벨 궁전도 안타깝게 1818년 화재로 훼손되었다가 이후 복원되었고, 1950년부터는 시청사로 사용되고 있다. 화재 때문에 궁전 대부분이 훼손되었지만 궁전 가운데에 있는 계단인 도너스티게(Donnerstiege: 천둥의 계단)는 화재를 피했다. 라파엘 도너(Raphael Donner)가 조각한 것으로, 이것이 볼프 디트리히가 만든 첫 궁전의 유일한 흔적이다.

　바로 이곳이 많은 관광객들이 가장 관심을 가지고 찾는 곳으로, 영화 〈사운드 오브 뮤직〉에서 여주인공 마리아가 아이들과 '도레미 송'을 불렀던 곳이다. 실제로 일반 시민들과 관광객들이 계단을 자유롭게 걸어 올라가는 모습을 볼 수 있다. 이렇게 유명한 계단 앞에 우리나라와 달리 푯말 하나 없다는 것이 신기할 따름이다.

게트라이더 거리(Getreidegasse)

잘츠부르크 구시가지는 잘자흐강 남쪽에 있어 남쪽은 산으로, 북쪽은 강으로 둘러싸여 있다. 그래서 거리가 자연히 동서 방향으로 발달했다. 미라벨 정원에서 잘자흐강의 슈타츠 다리를 건너자마자 바로 나오는 게트라이더 거리는 카페와 레스토랑, 상점이 늘어선 구시가의 대표적인 번화가로 항상 관광객들로 붐빈다. 특히 많은 명품 숍들이 있어서 그런지 쇼핑백을 들고 다니는 사람들을 많이 볼 수 있다.

이 거리의 꽃은 간판이다. 상점마다 오랜 세월의 흔적을 느낄 수 있는 개성 있는 철제 세공 간판이 걸려 있어 간판 구경만 해도 흥미롭다. 문맹이 많던 중세시대에 글을 잘 모르는 사람도 필요한 물건을 파는 가게를 찾아올 수 있도록 간판에 글 대신 그림을 넣은 것이 시초이다.

열쇠집은 열쇠 모양, 빵집은 빵 모양 등 가게마다 손님을 끌기 위해 독특하면서도 알아보기 쉽게 만들었다. 고풍스러운 건물과 어우러져 예술적인 느낌을 풍긴다. 간판 그 자체가 하나의 예술이기 때문에 간판 구경만 하는 데도 즐거운 시간을 보내기에 충분하다.

예전에 우연히 거리를 걷고 있는데 사람들이 우르르 몰려가서 신기한 모습으로 나도 모르게 따라가 보았다. 바로 그곳에서 축구 황제

게트라이더 거리

베켄바우어가 쇼핑을 하고 있어, 너무나 신기한 모습으로 보았던 기억이 난다. 그만큼 이곳은 동유럽 사람들에게 명품 쇼핑을 하는 곳으로 알려져 있다.

그냥 거리라고 하기엔 너무나 아깝다는 생각이 들며 하나의 미술관에 들어온 듯한 분위기가 풍기는 곳이다.

● 모차르트 유품이 가득한 생가 ●

모차르트 하우스(Mozarts Geburtshaus)

잘츠부르크는 모차르트가 태어난 곳으로, 전 세계에서 모차르트의 흔적을 찾기 위하여 많은 관광객들이 모여든다. 모차르트 생가는 게트라이더 거리에 있는데, 사람들이 가장 많이 모여 있는 곳을 보면 바로 알 수 있다.

당시 잘츠부르크는 대주교청을 구심점으로 하는 활발한 지방 문화의 중심지로, 뛰어난 음악가들을 각지에서 불러들였다. 모차르트의 아버지 레오폴트도 그중 한 사람이었다. 1747년 남부 독일의 아우크스부르크에서 이 건물 4층으로 이주해 온 젊은 바이올린 연주자 레오폴트 모차르트 부부는 이곳에서 8년간 일곱 명의 자녀를 낳았다. 그러나 딸 난넬과 막내아들인 볼프강 아마데우스 모차르트만 살아남았다.

오스트리아 국기와 함께 'Mozarts Geburtshaus'라고 큼직한 글씨가 적혀 있다. 이곳은 굳이 찾지 않더라도 눈에 띄는 노란색 외관 덕분에 쉽게 찾을 수 있다. 모차르트가 태어나 17년 동안이나 살았던 곳으로, 그가 사용하던 바이올린 · 건반 악기 · 악보 · 초상화 등이 전시되어 있고 가족들과 주고받았던 편지 등이 유품으로 남아 있다. 5층 건물이며 건물의 3층과 4층을 박물관으로 개방하고 있다.

현재 모차르트 박물관 및 자료전시장으로 사용되는데, 모차르트가 실제로 어렸을 때 사용하던 악기들과 가족 초상화가 눈길을 끈다. 모차르트는 어렸을 때부터 아버지를 따라 전 유럽을 여행하면서 다양한 문화와 관습을 습득하였으며, 그 결과 자신만의 독특한 음악 세계를 창조해 낸 예술가로 알려져 있다.

모차르트의 생가

박물관 앞 모차르트 악보

Part 1   낭만과 음악을 꿈꾸는 나라 **오스트리아**

자유분방하였던 모차르트는 25세 때 잘츠부르크를 완전히 떠난다. 숨통을 조이는 듯한 잘츠부르크 대주교와 엄격한 아버지의 그늘을 벗어나, 오스트리아 제국의 수도이자 대도시인 비엔나로 거처를 옮겼다. 자유로운 비엔나 활동을 하면서 주위의 반대도 무릅쓰고 콘스탄체(Constanze)와 결혼까지 한다. 비엔나에서 그의 활동은 최고의 전성기를 맞는다.

모차르트는 〈세비야의 이발사〉의 원작자인 파이시엘로를 찾아가 설득하여 속편으로 오페라 〈피가로의 결혼〉을 완성하면서, 최고의 전성기를 맞이한다. 많은 사람들이 〈세비야의 이발사〉를 로시니의 작품으로 알고 있는데, 로시니의 리메이크 작품이 워낙 유명한 탓에 그렇게 알고 있는 사람이 많다. 모차르트의 〈피가로의 결혼〉은 비엔나뿐만 아니라 프라하에서도 성공적으로 상연되었다.

그 인연으로 완성된 대작 〈돈 조반니〉(1787)도 프라하에서 초연되어 그에 못지않은 성공을 거두었다. 그러나 대성공이 반드시 경제적인 성공을 의미하지는 않는다는 것을 모차르트를 보면 알게 된다. 엄청난 인기로 많은 부와 명예를 갖지만, 오히려 생활은 더 궁핍해 갔기 때문이다.

콘스탄체에겐 살림을 알뜰히 꾸려 가는 능력이 전혀 없었다. 불행은 한 번에 몰려온다는 말이 있듯이 모차르트 또한 장남을 잃고, 얼마 안 되어 다시 3남과 아버지 레오폴트의 죽음으로 잇달아 슬픔에 젖었으며, 자신도 중병에 걸려 많은 어려움을 겪었다.

1791년 7월, 오페라 〈마적〉의 완성을 가까이 앞둔 모차르트는 검은 옷을 입은 낯선 남자의 방문을 받고 〈레퀴엠〉의 작곡을 의뢰받았다. 그 무렵 그는 이미 요독증으로 머리가 혼란스러운 상태였는데, 이 기묘한 주문이 그에게 죽음이 가까워 왔음을 확신시켰다고 한다. 〈마적〉의 초연은 성공이었으나, 최후의 생명력을 불사른 〈레퀴엠〉을 미완인 채 놓아두고 이 세상을 떠난 것은 12월 5일, 그의 나이 35세였다.

장례일은 악천후인 탓도 있어 참석자가 매우 적었다고 전해지고 있으며, 더 안타까운 것은 오늘날까지도 천재 음악가가 묻힌 장소가 어디인지 알 수 없다는 것이다.

● 영화 〈사운드 오브 뮤직〉 촬영지 ●

플로리안 분수(Der Florianibrunnen)

영화 〈사운드 오브 뮤직〉에서 마리아가 수도원 원장님께 허락을 받고 수도원을 떠나 분수를 돌면서 노래를 부르는 장면이 있다. 플로리안 분수가 바로 그 주인공으로, 잘츠부르크에서 가장 오래된 분수 중 하나이다. 원래 이곳은 무덤이 있던 자리였는데, 잘츠부르크에 상수도 건설이 완공되면서 이 분수가 세워졌다. 분수대 앞에 손님들을 기다리고 있는 마차들도 하나의 풍경이다.

모차르트 초콜릿(Mozart-kugeln Chocolate)

모차르트 초콜릿

잘츠부르크에서 가장 많이 보이는 초콜릿으로, 포장지마다 모차르트의 얼굴이 그려져 있다. 1890년 제과요리사 폴 퓌르스트(Paul Furst)가 창안한 것인데, 현재 세계 각국으로 수출될 만큼 인기가 높다. 다양하고 깊은 맛이 쿠겔 초콜릿의 가장 큰 자랑이다. 이 맛을 고수하기 위하여 제조 방법을 전혀 변형하지 않고 초기 그대로 고수하는 것이 맛의 비결이라고 한다. 잘츠부르크에 방문한 사람이라면 선물로 가장 많이 사 간다고 한다.

잘츠부르크 대성당(Dom zu Salzburg)

모차르트가 유아세례를 받은 이 대성당은 당시 잘츠부르크 대주교의 막강했던 권력의 상징이라고 볼 수 있을 정도로 엄청난 규모를 가지고 있다.

16세기 말 대주교였던 볼프 디트리히는 잘츠부르크를 '북쪽의 로마'로 만들고 싶어 했다. 특히 대성당을 로마의 산 피에트로 성당에 필적하는 거대한 규모로 건설하기 위해 많은 노력을 기울였다. 결국 볼프 디트리히의 소원대로는 안 되었지만, 오스트리아에서는 성 슈테판 성당과 함께 가장 아름다운 성당으로 꼽히고 있다.

대성당은 1655년에 완공되었는데, 외관은 밝은 대리석으로 치장해 단조로우면서 우아한 느낌이고, 건물 양끝에 있는 높이 80m의 탑은 좌우로 대칭을 이루며 균형을 잡아 준다. 하얀 대리석과 벽화로 장식되어 있는 내부는 1만 명이 들어갈 수 있을 만큼 큰 규모의 홀이다. 내부에 있는 6,000개 파이프가 든 파이프 오르간은 유럽에서 가장 큰 것이라고 한다. 가톨릭이 가장 부패했던 16세기에 완공됐다는 점을 감안하면, 그 규모와 화려함을 이해할 수 있다.

대성당 앞에 세 개의 입구가 있는데, 입구마다 각각 숫자가 쓰여 있다. '774'는 최초 대성당 건축 연도이고, '1628'은 현재의 돔 형태로 재건축한 연도이며, '1959'는 제2차 세계대전 당시 파괴로 인한 재건축한 연도이다. 이 세 개의 청동문은 20세기 후반에 제작되었는데, 왼쪽부터 각각 믿음 · 사랑 · 희망을 상징한다.

매년 여름에는 성당 앞에서 모차르트 음악제를 열리는 것으로 유명하다.

● 7~8월에 꼭 들러야 할 ●

잘츠부르크 대성당지구(Südliche Dombögen)

잘츠부르크 음악제

대성당 바로 앞에 있는 광장을 잘츠부르크 대성당지구라고 한다. 바닥에 체스판 무늬가 있어 대형 체스를 둘 수 있다. 이곳은 해마다 7~8월이 되면 '잘츠부르크 음악제'가 열려 무척 붐빈다.

잘츠부르크 음악제는 유럽의 음악제 중 바이로이트 음악제와 더불어 가장 유명한 음악제로, 대성당의 입구에서 1920년 호프만슈탈의 희곡 〈예더만(Jedermann)〉을 상연한 것이 잘츠부르크 음악제의 시작이 되었으며, 1877년부터 1910년 사이에 8회에 걸쳐 개최된 모차르트제가 그 시초이다. 제2차 세계대전 중에 중단되었다가 1945년에 재개되어 오늘에 이른다. 1956년 이후로는 카라얀 등이 음악제 총감독을 맡아 왔다.

지금도 돔 입구에서 〈예더만〉을 공연하는 것이 축제의 개막으로 정해져 있다. 시기를 잘 맞추어 이곳에서 음악회 공연을 볼 수 있다면 잘츠부르크를 다시 방문하지 않아도 된다는 말이 있듯이, 모든 것을 경험하였다고 생각하면 된다.

● 미술관과 공연장의 문화 허브 ●

잘츠부르크 레지덴츠(Salzburg Residence)

13세기에 지어져 오랫동안 잘츠부르크 대주교들의 주거지로 사용된 궁전으로, 현재의 모습은 잘츠부르크 최고의 전성기였던 16세기에 대주교 볼프 디트리히 폰 라이테나우가 건설한 것이다. 오늘날에는 미술관과 공연장으로 사용되고 있는 잘츠부르크의 문화 허브이다.

이곳 또한 모차르트의 숨결이 지나간 곳으로 유명하다. 1762년 6세의 모차르트가 최초로 공연을 한 곳이며, 지금은 관광객들에게

180개의 방을 공개하고 있어 그 당시 대주교들이 얼마나 화려하게 생활하였는지를 확인해 볼 수 있다. 중세시대 대주교를 알현하기 위해 이곳을 방문한 왕자들과 정치가들의 발자취를 따라 화려한 홀들을 둘러보는 것은 보너스이다.

2층의 널찍한 카라비니에리 잘(Carabinieri Saal)은 연극과 연회를 위해 사용되던 곳인데, 이곳을 시작으로 레지덴츠의 수많은 웅장한 홀들을 모두 둘러볼 수 있다. 레지덴츠는 음악 공연장으로도 이름 높다. 쿠엔부르크 잘(Kuenburg Saal)은 여러 음악가들이 대주교들을 위하여 연주한 곳으로, 오늘날 잘츠부르크 궁전 콘서트가 열리고 있다.

3층에는 레지덴츠 갤러리(Bildergalerie)가 자리한다. 렘브란트의 〈기도하는 어머니〉를 비롯해 16세기에서 19세기까지의 유럽 거장들의 작품이 전시되어 있다.

● 전망대로 좋은 산꼭대기 요새 ●

호엔 잘츠부르크성(Festung Hohensalzburg)

잘츠부르크의 상징으로 묀히스베르크 언덕의 120m 지점에 위치한다. 가장 높은 곳에 위치해 있어 어디에서든 보이는 요새이다.

1077년 건축한 철옹성으로, 신성로마제국 황제와 로마 교황 사이에서 주교 서임권 투쟁(1075~1122)을 벌이던 시기에 잘츠부르크 대

주교 게프하르트(Gebhardt)가 남부 독일의 침략에 대비하기 위해 세
운 곳이다. 유럽에서 규모가 가장 큰 성으로 알려져 있으며 매우 견
고하게 지어진 덕분에 한 번도 점령당하지 않아 지금도 원형 그대로
의 모습을 확인할 수 있다.

　이 성은 요새와 대주교의 거주 공간이었지만, 군대 막사와 감옥 시
설로 사용되기도 했다. 미라벨 궁전을 지은 대주교 볼프 디트리히가
5년간 조카 마르쿠스 시티쿠스에게 감금되어 1617년 숨을 거둔 장
소이기도 하다. 내부에는 15세기에 설치된 무기고와 대포 설치대가
여전히 남아 있고, 15~16세기 동안 증축 및 보수 작업을 진행해 17
세기에 이르러 지금의 모습이 완성되었다.

　특히, 당시 대주교들이 거주하였던 황금의 방과 의식의 방등과 함께 200개의 파이프 소리로 되어 있어 '잘츠부르크의 황소(Salzburger Stier)'라 부르는 오르간 등 볼거리가 많다.

시간적 여유가 있다면 이곳에서 모차르트 공연을 감상하고, 전망대에서 돔 광장과 잘자흐강 등 잘츠부르크 시내를 한눈에 내려다보면서 잘츠부르크의 야경을 감상하길 바란다. 여기서 바라보고 있노라면 전 세계 관광객들이 왜 이 도시를 방문하는지 알 수 있을 것이다.

● 마구간의 대변신 ●

대축제 극장(Großes Festspielhaus)

모차르트 생가 뒤편의 복합 건물로 각각 2,400명과 1,300명까지 수용할 수 있는 대극장과 소극장, 펠젠라이트슐레 극장 등 3개가 있다. 길이가 225m에 이르며, 외관은 단출해 보이지만 내부는 무척 거대하고 화려하다.

1960년대 완성된 대극장은 현대적인 외관이 눈에 띈다. 영화 〈사운드 오브 뮤직〉 후반부에 트랩 가족이 '에델바이스(Edelweiss)'를 부른 음악회 장면을 촬영한 곳이다. 소극장은 과거에 대주교의 말 130마리를 기르던 대형 마구간인데, 현재는 오페라와 콘서트가 열리는 무대로 사용된다.

비너 슈니첼(Weiner Schnitzel)

오스트리아 대표 음식으로 유럽에서 즐겨 먹는 비너 슈니첼 (wiener schnitzel)은 얇게 자른 송아지 고기에 빵가루를 묻혀 튀긴 요리다. 슈니첼은 소, 돼지, 닭, 칠면조, 햄 등 다양한 재료를 사용하는데 오스트리아에서는 송아지 고기로 만든 것만을 비너 슈니첼이라고 한다. 비너 슈니첼에는 레몬즙을 뿌리고 (삶은) 감자, 샐러드 등을 곁들여 먹는다.

슈니첼의 유래에 대해서는 많은 이야기가 있지만, 나는 그중에서 비잔틴 제국의 황제 바실리오가 고기에 금을 얇게 발라서 먹었는데 사람들이 이를 따라 하며 금 대신 빵가루를 묻혀 튀겨 먹기 시작하였다는 설이 가장 설득력 있다고 생각한다. 비잔틴 제국을 침공한 아랍인들이 이 요리법을 습득했고, 이들이 8세기 안달루시아를 침공하며 스페인에 전파했다. 16세기 스페인 군인들은 로마에 주둔하며 빵가루를 입혀 튀긴 고기를 먹었다.

슈니첼의 유래에 대한 또 하나의 이야기는 이탈리아 밀라노의 '코톨레타 알라 밀라네제(Cotoletta alla Milanese)'가 기원이라는 것이다. 그 이유는 17세기 초 빈의 요리 전반이

슈니첼

이탈리아의 영향을 강하게 받았기 때문이다. 하지만 언제 누가 빈으로 전했는지에 대해서는 설이 다양하다.

여기에는 1857년 오스트리아 야전 사령관 라데츠키(Joseph Radetzky von Radet)가 프란츠 요제프 1세 황제에게 밀라노의 송아지 요리 조리법을 전했고, 황제가 요리사에게 재현토록 했다는 이야기도 전해진다.

오스트리아가 아닌 다른 지역에서도 슈니첼은 자국의 대표 음식으로 정착되었고, 지금도 많은 유럽인들에게 가장 사랑받는 대중적인 음식이 되었다.

우리나라 사람들이 처음 이 슈니첼을 보게 된다면 조금 황당한 표정을 지을지도 모른다. 우리가 생각하는 돈가스와는 너무나 다르기 때문이다. 토마토케첩 대신 베리잼이 등장하고 옆에 샐러드 대신 프렌치프라이가 있고, 고기의 두께는 너무 얇아서 당황스러울 것이다.

 여기서 "콕"

천재 음악가 모차르트가 자주 이용하였다고 전해진 모차르트 카페에서 꼭 아인슈페너와 함께 아펠슈르텔을 먹어 보자.

CAFE TOMASELLI는 모차르트 집에서 성슈테판 성당 가는 길에서 가까운 거리에 있어 모차르트는 아침마다 이 카페에 들러 커피한 잔을 마시며 하루를 시작하였다. 이 카페에서는 아펠슈르텔이 굉장히 유명한데, 모차르트는 좋아하지 않았다고 한다.

아펠슈르텔   CAFE TOMASELLI

하지만 이곳에 방문하는 사람들은 꼭 커피와 함께 오스트리아 대표 디저트로 종잇장처럼 얇게 여러 겹을 쌓아 그 안에 달콤한 사과와 건포도를 채워 구운 파이를 경험하기를 바란다.

CAFE TOMASELLI는 약 320년 정도 된 오래된 카페로, 아직도 TOMASELLI 가문에서 운영하고 있다. 내부에 들어가면 아직도 예전 모습 그대로다. 아마 앞으로도 변함없이 이 모습을 하고 있지 않을까?

Part 1 낭만과 음악을 꿈꾸는 나라 **오스트리아**

04
푸른 빙하의 키츠슈타인호른
(Kitzsteinhorn)

잘츠부르크에 방문한다면 시간을 내어 꼭 이곳을 방문하길 바란다. 아직 한국에는 많이 알려져 있지는 않지만, 절대 후회하지 않는 곳 중 하나라고 자신 있게 말할 수 있다. 아름다운 풍경과 함께 첼암제카푸른 지역을 대표하는 빙하를 볼 수 있기 때문이다.

키츠슈타인호른 빙하로 3,029m 높이에 있는 탑 오브 잘츠부르크 (Top of Salzburg) 전망대에서 고산 알프스를 직접 마주할 수 있다. 높이만 본다면 어떻게 등정을 해야 할지 고민이지만, 전혀 걱정할 필요가 없다. 케이블카가 항시 운영되고 있어서 빠른 시간 내에 이 엄청난 광경을 직접 확인할 수 있다.

스위스 알프스 전망대에서만 바라볼 수 있는 아찔한 산들로 구성된 한 폭의 그림 같은 전경들을 여기서도 만끽할 수 있다는 것이 너무 행복하다. 이곳에서는 아직 잘 알려져 있지 않은 유럽의 고산들을 볼 수 있다. 호에타우어른 국립공원과 알프스 최대의 보호구역 그로스글로크너(3,798m), 그로스베네디거(3,662m), 호흐아이저(3,206m) 등 장엄한 최고봉들을 한눈에 담을 수 있다. 자연 조명들이 비추는 반원형의 암벽 천장 아래 통로에는 알프스 지형 생성 과정과 이 지역의 크리스털, 금 등의 광물에 대한 설명들도 자세히 볼 수 있다.

특히 3,092m 높이에 위치한 시네마 3000은 특이한 영상 하이라이트를 제공한다. 영화 〈키츠슈타인호른: 자연〉을 8미터의 대형 스크린으로 관람할 수 있다. 대자연이 주는 신비로움에 빠져들어 손에 땀을 쥐게 하는 10분이 순식간에 지나갈 것이다.

키츠슈타인호른 전경

　이곳에서는 누구나 어렵지 않게 도전할 수 있는 케이블카 투어라든지 여름이면 아이스 아레나에서 설산 눈썰매와 함께 설원 탐험 투어 등으로 짜릿하고 상쾌한 체험을 즐길 수 있다. 지금까지 경험하였던 만년설은 다 잊어버리고, 새로운 추억들을 가져갈 수 있는 색다른 경험을 하고 싶은 이들은 꼭 방문하길 바란다.

05

오스트리아에서 가장 예쁜 구시가지,
클라겐푸르트(Klarenfurt)

클라겐푸르트는 오스트리아에서 여섯 번째로 큰 도시로, 한국인에게는 굉장히 낯선 도시이다. 다른 오스트리아 도시와 마찬가지로 구시가지가 아름다우며, 바로크 대성당 등의 유적과 아름답게 복원된 르네상스 양식의 아케이드 정원은 명망 높은 유로파 노스트라 디플로마(Europa Nostra Diploma)를 세 차례나 수상했다. 현재 이 정원에는 현대적인 부티크와 다양한 바, 소박한 노천에서 맥주를 마실 수 있는 공간들이 많다.

도시를 다니다 보면 중세로 돌아가는 듯한 기분을 느낄 수 있다. 이곳 습지에서 살았다고 알려진 날개 달린 전설의 용 린드부름 분수가 높이 세워져 있다. 또한 이 도시에서만 볼 수 있는 현대 미술관에서 실제 사람 크기의 청동상 마그달렌스 베르크의 청년 등 로마시대 유적을 전시하고 있는 것이 굉장히 매력적이다.

도시 규모에 비하여 미술관, 의전홀 바펜잘, 교구 박물관과 란트하우스 갤러리 등 세계적인 박물관과 갤러리도 많다. 이를 보면서 다시 한번 느끼지만, 음악과 미술을 빼놓고는 오스트리아를 말할 수 없을 것 같다. 특히 이곳에서는 매년 6월에 오스트리아 문학의 정수인 잉게보르크 바흐만상 시상식이 열려 오스트리아 문학을 만끽할 수 있다.

클라겐푸르트는 문화 예술뿐만 아니라, 자연경관도 뛰어나다. 뵈르테제 호수의 미니문두스에는 전 세계가 미니어처로 전시되어 있어, 세계에서 가장 유명한 경관과 관광명소를 이곳에서 한눈에 감상할 수 있다.

이곳은 크게 생각하거나 계획하지 않고 그냥 방문하여도 너무나 많은 것을 보고 가는 느낌을 받을 정도로 예쁜 도시이다. 생각지 않는 뜻밖의 선물을 안겨 줄 것이다.

06

〈사운드 오브 뮤직〉의
잘츠 감머굿(Salzkammergut)

로마 시대부터 소금 창고로 불리던 이곳은 소금으로 굉장히 유명한 지역이다. '소금'이라는 뜻의 '잘츠'라는 이름에서 볼 수 있듯, 소금과 함께 형성된 지형이어서 지금도 그 흔적들을 곳곳에서 만나 볼 수 있다. 그러나 그보다는 오스트리아에 펼쳐져 있는 알프스 산맥을 가장 가까이서 느낄 수 있는 곳으로 유명하다.

모차르트 어머니의 고향이 위치해 있으며 볼프강 성인이 만들었다던 장크트 볼프강과 함께, 유네스코에서 가장 아름다운 마을로 지정된 할슈타트가 있는 곳이다. 또한 영화 〈사운드 오브 뮤직〉으로 모든 것이 통하는 도시이다. 많은 호수들을 둘러싼 마을이 어우러져 있는 아름다운 비경은 여기에서만 볼 수 있다. 그래서 오스트리아를 선전하는 영상에서 항상 첫 번째로 등장하곤 한다.

● 볼프강 호수를 낀 아름다운 작은 마을 ●

장크트 길겐(Sankt Gilgen)

볼프강 호수에 있는 작은 마을로 인구는 3,850명 정도이다. 인구수가 무엇이 중요한가? 여기서 펼쳐지는 호수의 풍경은 천국이 있다면 바로 여기가 아닐까 싶을 정도로 다른 어느 곳과도 비교할 수 없을 만큼 아름다운 절경이다. 이곳은 모차르트의 어머니인 안나 마리아 모차르트의 출생지로도 알려져 있다.

● 마리아의 아이들이 되어 누워 보는 ●

샤프베르크산(Schafberg)

영화 〈사운드 오브 뮤직〉에서 마리아 선생님이 아이들과 함께 노래를 부르며 증기기관차를 타고 산 위로 올라가는 장면의 배경지가 바로 이곳이다. 해발고도 1,015m까지 올라갈 수 있으며, 그곳에서 산과 호수의 탁 트인 전망을 볼 수 있다. 눈앞에 바라보이는 호수 전체가 잘츠카머구트 산악지대로 완전히 둘러싸여 있는 모습은 파노라마처럼 아름다운 알프스 산맥과 영화 〈사운드 오브 뮤직〉을 느끼기에 충분하다. 마음의 여유가 있다면 이곳에 방문할 때 마리아의 아이들처럼 풀밭에 앉아서 천연스럽게 누워 보는 것도 괜찮을 듯하다.

07

천국 아래 할슈타트
(Hallstatt)

짤쯔 감머굿에서 할슈 타트 가는길

할슈타트에 사는 인구는 천여 명이 채 되지 않는다. 유네스코세계
문화유산으로 지정되어 있는 세계에서 가장 아름다운 마을이다. 옛
소금 광산과 아름다운 호수로 이름을 알렸으며, 오스트리아에 신혼
여행이나 힐링 여행을 갈 때 많은 사람이 찾는 곳이다.

우리나라 드라마에 많이 등장한 때문일까? 이곳에서는 한국 젊은
연인들을 손쉽게 만나 볼 수 있다. 시간적 여유가 있다면 이곳에서
하룻밤을 머물면서 새벽 공기와 호수의 물안개를 직접 느껴 보라고
권하고 싶다.

하지만 지금은 관광객들과 이곳 주민들 사이에 적잖은 문제가 발
생하기도 한다. 관광객들이 많이 찾다 보니 쓰레기가 넘쳐나는 데다
관광객을 노린 비싼 가게들로 마을 내 물가가 올라가는 상황이 벌어

졌기 때문이다. 이에 주민들이 관광객들의 방문을 꺼려 주정부에서 관광객 축소 법안을 대대적으로 추진하려고 한다는 안타까운 소식이, 식당 주인을 통해 들려오기도 했다.

 여기서 "콕" ──────────────

엽서 속에 등장할 만한 이곳 중앙에 가면 작은 광장이 있다. 여기에 앉아서 엽서 속 주인공이 된 것처럼 우아하게 앉아 오스트리아 정통 커피인 멜랑지를 시켜 먹어 보자.

08

작은 요새, 그라츠
(Graz)

오스트리아 제2의 도시이자, 무어강과 접한 오랜 전통의 교육 도시이며 그라츠 대학교를 중심으로 여섯 개의 대학에 수만 명의 학생들이 재학 중이다. 그래서인지 다른 도시와는 다르게 굉장히 역동적으로 느껴진다.

또한 그라츠는 오랜 세월 동안 합스부르크 가문의 지배를 받았던 곳으로 오스트리아·슬로베니아·독일 등 중부 유럽과 지중해, 발칸 반도의 경계에 있어 다양한 형태 문화가 교류된 곳으로 유명하다. 그라츠의 구시가지는 오스트리아를 포함한 중부 유럽 안에서 가장 잘 보존된 도심 중 하나다.

그 결과 1999년 유네스코 세계유산으로 등재되었고, 2003년에는 유럽 문화 수도로 선정되었을 정도로 그라츠 시민들은 자부심도 대단하다. 하지만 그라츠는 중세 건물만 고집하는 곳이 아니라 현대적인 건축물도 잘 조화되어 있는 도시이다.

도시의 한복판에는 사방의 길과 만나는 무성한 숲의 언덕인 슐로스 베르크(Schlossberg)가 우뚝 솟아 있다. 정상에는 한때 존재했던 성의 일부이자 도시의 상징이었던 시계탑이 있다.

또한 이 도시에는 다양한 건축물이 있는데, 무어(Mur)강 한가운데에는 인공 수상 섬인 무어인젤(Murinsel)이 있다. 그라츠가 2003 유럽 문화 수도로 선정되었을 당시, 뉴욕의 예술가이자 설계자인 비토 아콘치(Vito Acconci)가 지었다.

특별 행사로는 주로 르네상스 음악을 공연하는 슈티리아르테

그라츠의 상징   무어강의 모습

(Styriarte) 음악제, 연극, 순수 예술, 문학 및 음악을 집중 조명하는 현대적인 축제인 스타리셔 허브스트(Steirischer Herbst, 슈타이어마르 크의 가을), 에겐베르크성(Eggenberg Palace)의 콘서트 등이 있다.

이러한 독특한 건축물뿐 아니라, 그라츠는 오감을 자극하는 도시 이다. 수많은 바와 커피 전문점, 와인바, 선술집 및 좋은 레스토랑도 다른 지역에 비하여 많이 발달하여 슈타이어마르크 지역의 전통 음 식을 맛보고 와인 지역을 둘러보는 맛집 여행이 가능하다.

이러한 현대적인 건축물과 오래된 건축물들이 잘 융화되어 역동 성 있는 도시로 그라츠 시민들은 다른 도시 시민들보다 더 큰 자부심 을 가지고 있다.

쿤스트하우스 그라츠(Kunsthaus Graz)

쿤스트하우스 그라츠

2003년 무어강 바로 오른쪽에 건립된 현대 미술관 쿤스트하우스 그라츠는 거대한 파란색 거품이 떠다니는 것 같은 모습으로 그라츠의 새로운 랜드마크로서 자리 잡고 있다.

밤이 되면 쿤스트하우스 그라츠 건물의 투명한 외관이 건물 아래 설치된 컴퓨터 조명 시스템에 따라 환하게 빛난다. 둥근 지붕 위로 삐져나온 대형 튜브 같은 노즐 모양의 창문이 달린 이 건축물을 보고 있으면, 그라츠(Graz)와 그 역사적인 변화가 한가운데에 외계 생명체가 착륙한 것만 같은 느낌이 든다. 그래서일까? 이 건물은 '친근한 외계인'이라는 별명을 갖고 있다.

전시회, 이벤트, 현대 미술, 사진 및 새로운 매체의 전시를 위한 이 다목적 건물의 정면은 전기로 다양한 변화를 줄 수 있지만, 내부는 비밀이 숨겨진 블랙박스같이 큐레이터들에게 영감을 주도록 설계되어 있다. 쿤스트하우스 그라츠는 기능 및 기술적인 면에서 세계 어느 박물관과 견주어도 뒤지지 않는 현대적인 면모를 두루 갖추고 있다.

에겐베르크성(Schloss Eggenberg)

에겐베르크성은 신성로마제국 페르디난트 2세에게 충성을 다한 한스 울리히 폰 에겐베르크 대공(Hans Ulrich von Eggenberg)의 주도하에 1625년에 짓기 시작하여 1635년에 완공된 궁전이다. 우리에게는 아직 낯선 성이지만, 이 성은 완벽한 유토피아이면서 우주를 담은 궁전이라고 불린다. 알테 갤러리, 코인 컬렉션, 고고학 박물관, 푸릇푸릇한 행성정원, 시민들의 휴식처인 궁전 내 공원 등 볼거리가 풍부하다.

에겐베르크성

Part 1 낭만과 음악을 꿈꾸는 나라 **오스트리아**

에겐베르크성은 2010년에 유네스코 세계문화유산에 등재되었다. 이 엄청난 성을 그냥 둘러본다면 아무 의미가 없다. 이 성은 그냥 둘러볼 곳이 아니라, 다음과 같이 6가지 테마로 나누어 봐야 제대로 볼 수 있다. 분명히 지금까지 경험하였던 일반적인 성들과는 전혀 다른 색다른 경험의 기회가 될 것이라고 확신한다.

첫째, '우주를 담은 궁전을 보라'

자신이 거처하는 성에 만물이 완벽하게 조화를 이루는 유토피아를 실현하고 싶어 했던 한스 울리히 폰 에겐베르크 대공은 1625년 밀라노 근교에서 활동 중이던 건축가 조반니 피에트로 드 포미스를 불러들인다.

주위에 가로막는 것이 없기 때문에 햇빛이 정방형의 성 전체를 온종일 비추어, 네 곳의 파사드가 빛을 머금는다. 중앙에 위치한 첨탑에는 마치 거대한 해시계처럼 그림자가 드리워 계절과 시간을 알려준다. 귀퉁이에 솟은 첨탑은 에겐베르크 대공이 출장으로 종종 머물던 스페인 궁정 건축의 영향으로 동서남북과 사계절, 물질의 4대 구성요소인 불·물·바람·토양을 상징하며, 방들 또한 아침·정오·저녁·한밤중 등 네 개의 시간대에 맞추어 설계되었다.

둘째, 우주의 신비를 이야기하는 '행성의 방을 보라'

성의 3층에는 24개의 화려한 방(Prunkräume)들이 ㅁ자 형태로 배

치되어 있다. 이곳은 성주가 귀빈을 알현하는 장소이자 때로는 황제가 머물기도 한 곳이다. 이곳을 관람할 때 주의할 사항이 있는데, 17~18세기의 가구가 아무 장치 없이 놓여 있기 때문에 절대로 주변에 있는 의자에 앉아서는 안 된다.

이곳 천장에는 태양을 중심으로 달 · 화성 · 수성 · 목성 · 금성 · 토성이 그려져 있다. 태양을 포함한 이 행성들은 일주일 동안 연금술에 사용된 일곱 가지 광물과 에겐베르크 가문의 위대한 일곱 영주를 상징한다. 그리고 벽에는 황도 12궁의 신화가 유화로 그려져 있다.

셋째, '네겐베르크 달력을 보라'

에겐베르크성의 중요한 특징이 있다면, 궁전 전체가 달력의 주기를 철저히 반영해 설계되었다는 점이다. 이를 자세히 살펴보면 다음과 같다.

- 외창의 수: 365(1년 365일)
- 문의 개수: 12(1년 12개월)
- 각 층의 방: 31(한 달 31일)
- 각 층의 방에서 특히 중요한 '행성의 방', '예배당', '궁전교회(과거 극장)'를 제외한 수: 28, 29, 30(31일 외의 한 달 일수 주기)
- 응접실 수: 24(하루 24시간)
- 응접실 창문 수: 52(1년 52주)

- 응접실 창문 + 행성의 방 창문: 60(60분, 60초)
- 2층 가족실의 문: 52(1년 52주)

넷째, '성은 바로크양식, 예배당은 고딕양식을 보라'

1635년, 에겐베르크 대공은 성의 건축을 지시하면서 증조부인 발타자르 에겐베르거(Balthasar Eggenberger, 약 1425~1493)가 생전에 기거하던 성의 일부를 부수지 않고 남겨 두었다.

중앙 탑에는 1470년에 완성한 고딕 양식의 마리아 예배당이 있는데, 이곳은 가족이 기도하기 위한 개인 예배당이다. 성모마리아를 중심으로 네 명의 순교자와 12사도가 그려진 제단화뿐 아니라, 정사각의 바닥에서 천장으로 팔각형을 이루며 기하학적으로 뻗은 아치 장식이 별 모양을 이루고 있어 매우 아름답다.

다섯째, 하늘과 땅이 뒤바뀌는 '넵투누스의 분수를 보라'

궁전 중앙 탑의 지하에는 벽면에 조개껍질을 박아 넣은 동굴이 있다. 동굴은 여성적인 물과 흙을, 하늘을 향해 솟은 탑은 남성적인 불과 바람을 표현한 것이다. 빛과 어둠, 천계와 명계(저승), 남성과 여성 등 모든 상반된 존재를 결합함으로써 이상적인 천계의 진리인 '제5원소(the fifth element)'를 탐구한다는 의미로 알려져 있다.

이 동굴에는 샘물이 흐르는데, 동굴의 중앙에 로마 신화 속 바다의 신 넵투누스가 머리 위에 이고 있는 조개같이 생긴 볼에서 물이 솟아

나고 있는 모습을 볼 수 있다. 이는 예배당이 있는 지상의 성스러운 세계가 끝나고, 이곳을 시점으로 아래로는 물이 흐르는 암흑의 세계가 시작됨을 뜻한다.

밝은 외부 경관과 대조적으로 어두침침한 분위기를 자아내지만, 이 공간이야말로 에겐베르크성의 핵심으로서 신비롭고 독특한 분위기를 자아내고 있다. 바로크 시대의 가치관을 엿볼 수 있는 상징들로, 우주의 신비로움 그 자체라 할 수 있다.

여섯째, '인도의 콘셉트를 보라'

16세기 유럽 왕후 귀족들 사이에서 중국의 도자기와 비단 그림, 일본의 칠기 공예품이 엄청난 인기몰이를 했을 만큼, 당시 유럽 왕후

에겐베르크성 인도의 방

Part 1 낭만과 음악을 꿈꾸는 나라 **오스트리아**

귀족들은 동아시아의 매력에 흠뻑 빠져 있었다.

2층의 호화로운 방들 중에는 중국의 도자기를 전시한 '중국 방'과 벽지 한 곳을 일본의 병풍화로 장식한 '일본 방'이 있을 뿐 아니라 일본의 고이마리(古伊万里) 도자기를 박아 넣은 '도자기 방'이 있어 동서양이 융합한 독특한 인테리어를 선보이고 있다.

그런데 흥미로운 점이 하나 있다. 이 세 곳을 통일해 '인도의 방 (Indianische Kabinette)'이라고 불렀다는 점이다. 일본과 중국이 인도에 속한 것도 아닌데, 그들은 왜 이 방들을 일컬어 인도의 방이라고 한 걸까? 당시 유럽에서는 인도양 건너편에서 넘어오는 물건은 모두 인도에서 온 것으로 인식했다고 한다. 그것은 아마도 이 많은 동양 미술품이 각국의 '동인도회사'를 통해 유럽으로 유통되었기 때문일 것이다.

09

요들송의 발상지,
인스브루크(Innsbruck)

우리는 '요들송' 하면 스위스를 가장 먼저 떠올리지만, 실제로 요들송의 발상지는 인스브루크이다. 2,500m 높이의 험한 산이 남북으로 둘러 있어 여름엔 휴양객이나 등산객이, 겨울엔 스키어가 많이 찾는 대표적인 관광 도시이다.

1964년과 1976년 제9회, 12회 동계올림픽이 열렸을 정도로 천혜의 자연환경을 가지고 있다. 올림픽을 다시 한 번 개최하는 게 어떠냐는 IOC의 제안에도, 인스부르크 시민들이 이제는 조용히 살고 싶다면서 거부권을 행사하였다는 말을 듣고 의아했던 기억이 난다.

인스부르크는 천혜의 자연환경과 더불어 섬유·금속·화학 등 공업이 성하고, 웅장한 궁전과 함께 역사적 건축물들이 많이 남아 있다. 세계적으로 유명한 보석 업체 스와로브스키의 본사가 바로 이곳

스와로브스키 본사

인스브루크에 있다. 20분 정도 거리의 작은 마을 바텐스(Wattens)에 위치한 스와로브스키 크리스털 월드(Swarovski Kristallwelten)는 볼거리도 많다.

인스부르크 왕궁(Imperial palace)

인스부르크는 합스부르크 왕가의 시작이 된 곳이나 다름없을 정도로 많은 행사들을 개최한 곳이라고 한다. 그 행사들의 중심에 바로 인스부르크 왕궁이 있다.

그곳에서 마리아 테리지아의 남편 프란츠 1세의 장례식과 아들 레오폴드 2세의 결혼식이 거행되어서 그런지, 이곳 시민들은 엄청난 자부심을 가지고 있다. 왕궁 내부에는 그 당시 합스부르크 왕가의 사진들이 아직도 잘 보존되어 있다. 아름다운 자연경관뿐만 아니라 역사적으로도 가치가 있는 인스부르크에 수많은 관광객들의 발길이 끊이지 않고 있다.

황금지붕(Golden Roof)

인스부르크를 찾은 관광객들이라면 절대 빼놓지 않고 사진을 찍는 곳이 하나 있다. 바로 인스부르크 랜드마크로 불리는 황금지붕이다. 이 지붕은 무려 2,657개의 작은 황금 조각을 이용하여 장식한 것이라고 한다.

원래는 이곳 영주였던 프리드리히 4세의 작은 집무실로 사용하였던 곳이었지만, 16세기에 이르러 막강한 권력을 행사했던 합스부르크 왕가의 황제 막시밀리안 1세에 의하여 지금의 모습으로 바뀌면서 인스부르크 시민들뿐 아니라 이곳을 방문하는 관광객들에게 가장 사랑받는 곳이 된 것이다.

 여기서 "콕"

가장 화려한 크리스털의 본고장인 스와로브스키에서 내게 가장 어울리는 것 하나 정도는 구입하자. 사치라고 생각하기보다는 지금까지 열심히 살아왔던 나에게 주는 선물이라고 생각하는 건 어떨까.

10

오스트리아 로마 문명지,
쿠프슈타인(Kufstein)

오스트리아에서 로마의 문명지가 있다면? 바로 이곳, 쿠프슈타인
이다. 쿠프슈타인은 오랜 역사로 인한 볼거리가 풍부하다. 시의 상
징인 요새는 제2차 세계대전 후에는 감옥으로 사용되었으며, 현재
는 지역 역사박물관이 위치해 있고, 석기 시대의 물품들이 전시되어
있다. 이러한 고고학적 발견으로 쿠프슈타인은 티롤주 안에서 가장
오래된 문명지로 간주된다.

랜드마크로 불리는 쿠프슈타인 요새에서 볼 수 있는 오르간은 세
계적으로도 가장 큰 실외 오르간으로 알려져 있다. 이뿐 아니라 성
비투스 대성당은 쿠프슈타인에서 가장 오래된 성당으로 1390년에
지어진 전형적인 고딕 양식의 건물로서, 1660년에 바로크 형식으로
다시 보수하여 지금의 모습을 간직하고 있다.

중세 시대에 지어진 성곽 또한 시의 고전미를 더해 주는 요소이다. 이에 못지않게 오랜 역사를 자랑하는 시청, 구시가지 등 역사적으로 훌륭한 볼거리가 많은 도시이다. 남들은 보지 못한 오스트리아를 경험하고 싶다면 이 도시를 꼭 방문하길 바란다.

CZECHIA

PART 2

낭만과 추억의 나라
체코

　유럽 여행을 계획한다면 누구나 빼놓지 않고 생각하는 나라가 있다. 바로 체코이다. 그렇다면 체코의 가장 큰 매력은 무엇일까? 그것들을 하나씩 찾아보기 이전에, 체코의 역사적 배경부터 살펴보고자 한다.

　슬라브인은 5~7세기에 현재의 보헤미아와 모라비아 지방에, 슬로바키아인들은 현재의 슬로베니아 중심으로 서부 슬로바키아 지역에 정착하였다. 체코가 역사 속에 화려하게 등장하게 된 시기는 1212년 오타카르 1세 시기 신성로마제국의 황제였던 프리드리히 2세가 세습왕국으로 인정되면서부터이다. 오카타르 1세는 보헤미아 국왕 칭호를 부여받았으며, 이를 세습할 수 있는 권한을 부여받는다.

보헤미아의 왕이 신성로마제국의 황제를 선출하는 7명의 선제후 중 한 명이 되면서 보헤미아 왕국이 중부 유럽의 강자로 등장하였다. 오타카르 1세와 그의 손자 오카타르 2세(Přemysl Otakar Ⅱ) 시기에는 오스트리아를 보헤미아의 영향권에 포함시켜 왕국의 판세를 알프스에서 시작해 아드리아해까지 확장시켰다.

특히 오타카르 2세는 보헤미아의 왕위는 물론 오스트리아 공작으로 고지 오스트리아와 저지 오스트리아를 차지했고, 정복 전쟁을 통해 '철과 황금의 왕'으로 불릴 정도로 보헤미아 왕국은 영토 확장은 물론 경제적 번영을 구가했다. 그러나 오타카르 2세 말엽에 들어 합스부르크 왕조가 성장하고 보헤미아 내부에서 귀족 반란이 일어나면서 급격히 세력을 잃었고, 이후 오타카르의 손자였던 바츨라프 3세(Václav Ⅲ)가 암살당하면서 4년간 왕위 계승 전쟁이 벌어지게 된다.

하지만 이 시기 체코에서는 가장 존경받고 있는 카렐 4세라는 뛰어난 왕이 등장한다. 1346년에 신성로마제국의 황제로 선출되면서 프라하를 신성로마제국의 수도에 걸맞은 화려하고 장중한 도시로 탈바꿈시켜 놓았으며, 보헤미아 왕국을 유럽의 정치 · 경제 · 문화 중심지로 발전시켰다.

하지만 이러한 체코의 전성기는 오래가지 못한다. 15세기 중엽 오스만 제국이 헝가리를 침입하자, 1526년 이에 대항한 오스트리아 합스부르크가의 페르난도 1세가 보헤미아와 헝가리의 왕을 겸임하게 된 것이다. 합스부르크가의 통치 아래 오스트리아 제국의 1개 주로 편입되고 독일어가 공식 언어로 채택되면서, 체코 사람들의 자존심이었던 체코의 언어조차 사용할 수 없게 되었다. 이러한 역사를 보면 잠시지만 우리나라가 일본에게 지배되었던 그 시대를 다시 한번 되돌아보게 된다.

체코가 합스부르크가 지배하에 있을 때 사회 · 경제 · 교육의 개혁과 함께 산업의 발달로 인해 시민들은 경제적으로 더 윤택한 삶을 살았다. 반면, 지식인들은 경제적인 것보다 민족적 부활을 꿈꾸며 독립을 위해 많은 노력을 한다. 이 시기에 우리가 알고 있는 대표적인 체코의 음악가 드보르자크, 스메타나 등을 시작으로 민족 부흥 운동이 일어나기 시작한다.

그럼에도 불구하고 체코는 독립하지 못하고 1차 세계대전 이후 나치 독일에 합병되어 제2차 세계대전이 끝날 때까지 1939년 보헤미아—모라비아 보호령으로 점령 통치되었다. 그리고 전쟁이 끝난 후, 1945년에 소련에 의해 공산화되면서 사실상 위성국인 체코슬로바키아 사회주의 공화국이 되었다.

이에 반발한 민중에 의해 1968년 프라하의 봄으로 대표되는 반체제 운동이 있었으나 군사 개입으로 실패하였으며, 1980년대 후반 중앙유럽 민주화 물결을 타고 비폭력 혁명인 벨벳 혁명을 통해 민주화에 성공한 후, 국민 투표를 통해 1993년부터 슬로바키아와 분리하여 체코 공화국이 성립되었다. 그 후 2004년 유럽연합에 가입함으로써 현재는 유럽에서 가장 많은 관광객들이 모이는 최대의 관광 대국으로 성장하였다.

 아픈 과거의 역사를 뒤로하고 맥주를 마시면서 한 잔의 인생을 찾아가는 낭만적인 체코 사람들을 바라보며, 지금의 나를 한번 되돌아본다. 항상 지배를 받았던 아픈 역사를 지닌 체코는 관광객들에게는 그러한 아픈 역사보다는 지금 우리가 보고 있는 낭만적이고 아름다운 건축물들을 가장 잘 보존하고 있는 나라로만 비추어진다.

 여행을 하는 동안 "역사를 알고 보는 것은 과연 좋은 것일까?" 생각해 본다. 이러한 슬픈 역사로 인하여 많은 전쟁을 겪는 동안 가족들을 잃어버린 경험 때문인지 체코 사람들은 가족과 함께 있는 시간을 가장 중요시 여긴다. 가족을 소중히 여기며 작은 것에 감사할 줄 아는 이들의 자세는 바쁜 일상에 쫓기는 현대인들이 배워야 할 점이 아닐까 싶다.

01

연인들의 도시,
프라하(Prague)

여행자의 로망인 프라하는 체코의 수도이자 체코 최대의 경제 · 정치 · 문화의 중심 도시이다. 시내를 흐르는 블타바강은 중세의 모습을 고이 간직한 도시에 멋을 더해 준다.

백탑의 도시로 불리는 프라하는 보헤미아 왕국의 수도 역할을 1000년 넘게 하여서 '천년의 고도'로 불리기도 한다. 도시 자체가 박물관이라고 할 만큼 로마처럼 다양한 역사와 건물들이 잘 보존되어 있어서, 1989년 유네스코에 지정되었다. 그뿐만 아니라 세계에서 가장 아름다운 도시에도 항상 이름을 올리고 있다.

'동유럽의 파리'라고 불리는 이 도시는 절대로 촉박하게 바라볼 곳이 아니다. 수준 높은 거리의 음악가들이 연주하는 음악을 들으면 나도 모르게 흥이 돋는다. 음악을 들으면서 걷다 보면, 자연스럽게 노천카페에서 세계인들이 가장 사랑하는 체코 맥주를 마시면서 낭만을 느끼게 된다. 정말 이 나라가 우울한 역사를 가지고 있었는지를 찾을 수 없을 정도다.

분위기에 취하다 보면 프라하에서 가장 중요한 것들을 놓칠 수 있으니 정신을 바짝 차려야 한다. 프라하에서 가장 유명한 천문시계가 있는 구시청사, 프란츠 카프카(Franz Kafka)의 소설에 소개된 유태인 지구의 구불구불한 길엔 골렘의 전설에 젖어 있고, 그곳의 매혹적인 카페들은 이 도시가 왜 낭만의 도시인지를 확인시켜 준다.

이뿐 아니라 고딕 양식의 카를교, 프라하에서 가장 아름다운 바로크 양식의 성당 중 하나인 성 니콜라스 성당, 도시의 번잡함에서 벗

어난 성의 정원들, 프라하성, 작은 에펠탑을 상기시키는 페트르진탑 등 각 구역의 고유한 분위기와 독특한 모습을 가지고 있는 프라하는 다양함이 공존하고 있는 국제적인 관광도시가 되어 외국인을 맞이 하고 있다.

프라하 구시청의 천문시계(Pražský orloj)

프라하에서 가장 아름다운 것을 꼽으라면 머리가 아플 것이다. 그래도 굳이 하나를 꼽는다면, 바로 구시가지에 위치한 천문시계가 있는 구시청사를 꼽을 수 있다. 유네스코 세계문화유산에 등재되어 있는 이곳은 1338년 고딕 양식으로 지어진 건물인데, 제2차 세계대전 당시 화재로 상당 부분 훼손되는 시련을 겪었다. 천문시계가 있는 서쪽 동은 다행히 소실을 면했으며, 그 후 복원과 증축 공사가 진행돼 현재의 모습을 갖추게 되었다.

1410년에 만들어진 천문시계는 체코 고딕 시대의 과학과 기술이 집약된 결정판이라고 평가받을 만큼 기발하고 정교하다. 600년 넘게 프라하의 역사와 함께한 시계는 원형에 거의 가까운 형태로 보존되어 있다. 세계적으로 천체의 움직임을 반영하는 시계로는 세 번째지만, 지금까지 작동하고 있는 시계로서는 유일하다.

이처럼 아름다움을 간직하고 있는 천문시계에는 안타까운 이야기가 전해진다. 다른 곳에 이처럼 아름다운 시계를 만드는 것을 막기 위하여 누군가가 그 당시 천문시계를 만들었던 장인 얀 하누쉬의 눈을 부지깽이로 멀게 하였다는 것이다. 자신의 눈이 멀게 된 이유를 알게 된 얀 하누쉬는 슬픈 마음으로 시계탑에 올라가 천문시계의 부속품 하나를 버렸다고 한다. 그 이후 시계는 그대로 작동을 멈추었

프라하 구시청의 천문시계

Part 2 낭만과 추억의 나라 **체코**

고, 약 400년 뒤에 수리되었다는 그럴듯한 이야기가 전해지고 있다.

하지만 이러한 이야기가 무엇이 중요한가? 세상에서 가장 아름다운 천문시계를 바로 내 눈앞에서 볼 수 있는 이 시간의 행복함으로 슬픈 이야기는 잠시 접어 두자.

이 아름다운 시계의 구성을 보면, 위쪽에 있는 시계 장치는 세 개의 부분으로 되어 있다. 첫 번째는 천문 눈금판으로, 하늘의 해와 달의 위치와 다양한 천문학적 정보들을 표시한다. 두 번째는 '사도들의 행진'으로, 매 시간마다 12사도의 모형과 죽음을 형상화한 해골의 모형 등 여러 움직이는 조각품들이 나타난다. 세 번째는 달력 눈금판이다. 아래 시계의 둥근 판 중심에는 구시가의 문장이 있고 둘레에 별자리가 새겨져 있으며, 이를 둘러싸고 한 해의 열두 달을 농민의 생활로 표현한 그림이 있다. 위쪽 시계는 천동설에 기초해 만들었으며, 시간·일출·일몰·월출·월몰까지 표시해 준다고 한다. 실제 시간과의 시차는 약 1초라고 한다.

매 시각 정시에 시계가 짧게 작동하므로 미리 기다리고 있어야 놓치지 않는다. 해골이 줄을 당겨 종을 울리고 왼손의 모래시계를 뒤집으면, 시계의 맨 위쪽 창이 열리면서 12사도가 등장한다. 이들이 한 바퀴를 다 돌면 닭이 울고 종이 울리는 순서다. 이를 보기 위해 정시가 가까워지면 천문시계 앞은 관광객들로 만원이 된다.

하지만 보고 나서 많은 관광객들은 의아한 표정으로 서로를 쳐다본다. 그 이유는? 여기서 본 사람만이 답을 알 것이다. 그리고 꼭 자

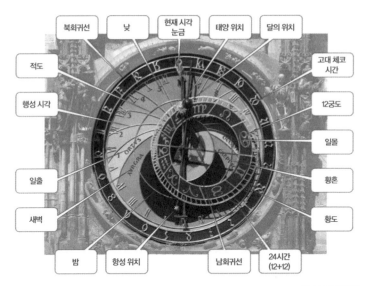

북화귀선　낮　현재 시각 눈금　태양 위치　달의 위치

적도

행성 시각

고대 체코 시간

12궁도

일몰

일출

새벽

황혼

황도

밤　항성 위치　남회귀선　24시간 (12+12)

천문시계의 구조

천문시계 광장

Part 2　낭만과 추억의 나라 체코

기의 소지품이 잘 있는지를 확인하여야 한다. 나의 소지품이 무사히 다 잘 있다면, 구시청사 안으로 들어가 보자. 그 안에 역사박물관, 예배당, 집무실 등이 있으며, 예배당에서는 천문시계 내부를 들여다볼 수 있다. 중세에는 시간이 중요하다는 것을 강조하기 위해 시계를 높은 탑 위에 설치하는 것이 유행했는데, 구시청사의 시계탑 또한 그러한 이유로 만들어졌다.

또 엘리베이터와 계단을 이용해 오를 수 있는 높이 69m의 시청사 탑 전망대는 프라하 시가지를 한눈에 볼 수 있는 최고의 장소이므로 꼭 올라가 보자. 왜 프라하의 구시가지가 세계에서 가장 아름다운 시가지인지를 두 눈으로 직접 확인해 볼 수 있을 것이다.

● 800년 전통의 노천 시장 ●

하벨 시장(Havelské tržiště)

1232년부터 운영된 역사와 전통을 가지고 있는 프라하의 시장이다. 옛 모습과는 조금 달라졌지만 오랜 의미를 간직하고 있다. 노천 시장으로 기념품은 물론 신선한 과일 · 채소 등을 저렴한 가격에 판매하고 있는 장소로, 관광객뿐만 아니라 프라하 시민들도 자주 이용하는 시장이다. 특히 이곳에는 전통인형, 크리스마스트리 장식품 등 어린이용 장난감들이 많이 있다. 이곳에서 체코 기념품을 흥정하면서 구입해 보는 것도 하나의 추억이 될 것이다.

바츨라프 광장(Václavské náměstí)

중세시대 말을 사고파는 시장으로 시작된 이곳은 지금 상점, 은행, 다양한 식당 등이 자리한 프라하에서 가장 큰 번화가이자 쇼핑가로서 관광객보다는 체코 젊은이들에게 많은 사랑을 받고 있다.

너비 60m, 길이 750m의 이 광장은 엄밀히 말하면 광장이라기보다 드넓은 대로에 가깝다. 중앙 녹지를 경계로 차도와 인도가 나뉘어 있으며, 체코의 최초 왕조인 프르셰미슬 왕가의 왕 바츨라프에서 유래한 것으로 알려져 있다. 그는 사후에 성인으로 추대된 체코 기독교의 상징적 인물로 평가받고 있으며, 광장 동남단에 성 바츨라프의 기마상이 성인 4명의 수호를 받으며 서 있다.

많은 세계인들에게 바츨라프 광장은 체코의 중요한 역사적 사건이 벌어진 무대이자, 여러 차례 프라하 시민의 집회가 열린 민주화의 상징적 장소이기도 하다. 1918년의 체코슬로바키아 독립 선언이 이 광장에서 선포되었고, 1968년에는 '프라하의 봄'이라 일컫는 자유화 운동이 일어나 광장 일대가 모여든 시민들로 인산인해를 이루었다.

프라하의 봄은 소련의 군사 개입으로 큰 희생을 치렀지만, 결국

바츨라프 광장

1989년에 같은 장소에서 몇십 만의 시민들이 광장을 메우며 공산 정권의 몰락을 이끌어 낸 벨벳혁명이 일어나게 된다. 광장에는 자유화 운동 당시 소련의 무력 개입에 항거하는 뜻으로 목숨을 끊은 얀 팔라흐와 얀 자이츠 두 젊은이를 기리는 기념비가 서 있다. 지금까지도 이 두 젊은이의 죽음을 희생하는 추모자들의 헌화가 끊임없이 이어지는 것을 볼 수 있다.

이 광장이 우리에게 부여하는 역사적 의미를 꼭 한 번쯤은 생각해보았으면 한다. 참고로, 체코에서 가장 사랑받고 있는 국민 소설가 밀란꾼데라의 작품을 참고로 만든 영화 〈프라하의 봄〉을 감상하게 된다면 이곳을 다시 한번 떠올릴 수 있을 것이다.

화약탑(Prašná brána)

 프라하의 구시가지와 신시가지가 나뉘는 지점으로, 옆에는 아르
누보 양식으로 지어진 시민회관이 있다. 이 화약탑은 16세기 말 총
기 제작공이자 종 주조공이었던 야로스(Tomas Jaros)가 작업실로 개
축해서 쓰다가, 루돌프 2세 때인 17세기 초에 연금술사들의 화약창
고 겸 연구실로 쓰이면서 '화약탑'으로 불리게 되었다.

 1757년 프러시아가 프라하를 포위하여 공격할 때 크게 파괴되어,
후에 오늘날의 유사 고딕 양식으로 재건됐다. 프라하 대부분의 건축

화약탑

Part 2 낭만과 추억의 나라 **체코**

화약탑 야경

물들이 화려한 장식과 다양한 색상으로 구성된 것과 달리, 화약탑은 어두워 약간은 우울한 느낌을 받는다. 높이 65m로 총 186개의 계단으로 이루어져 있으며, 계단을 올라가면 약 44m 전망대에서 바라보는 구시가지의 모습이 너무나도 아름답다.

지금은 프라하로 들어가는 13개 성문 가운데 하나로, 동부 보헤미아에서 들어오는 관문 역할을 하는 것 중에 남아 있는 유일한 것이다. 예전에는 이곳에서부터 프라하성의 비투스 성당까지 보헤미아 왕의 대관식 행렬이 이루어지기도 하였다. 1960년대부터는 연금술이나 종 주조와 관련된 유물을 전시하는 박물관으로 사용되고 있으며, 현재는 프라하 시민들의 약속 장소로 많이 쓰이고 있다.

화약탑과 나란히 있는 길이 신시가지가 되는 시작점이고, 탑을 지나 서쪽 길이 구시가지가 시작되는 곳으로 기준점으로서의 역할 또한 톡톡히 하고 있다.

● 가장 화려한 복합문화시설 ●

시민회관(Obecní Dům)

프라하의 많은 아름다운 건축물 가운데 가장 화려한 복합문화시설로 연주회장과 전시장, 레스토랑 등을 포함하여 프라하 시민들에게 가장 자긍심이 있는 건축물로 알려져 있다.

시민회관

프라하성이 완공되기까지 보헤미아 왕조의 궁궐이었던 기존의 건물을 헐어 내고 그 자리에 아르누보 양식으로 가장 화려하게 지어졌다. 건축 당시 체코에서 가장 사랑받고 있는 화가 알폰스 무하는 스테인드글라스 작업을 하였고, 카렐 슈필라, 얀 프라이슬러 등의 미술가들이 참여하여 내부 인테리어를 완성하였다.

건물에서 가장 큰 부분을 차지하는 장소는 체코의 음악축제 '프라하의 봄'의 개막과 폐막 공연장으로 유명한 스메타나 홀이다. 축제는 체코의 민족주의 음악가 베드르지흐 스메타나의 서거일인 5월 12일에 시작되는데, 스메타나의 교향시 〈나의 조국〉 연주와 함께 개막 공연이 시작된다. 이 공연이 하는 날이면 프라하 사람들은 숙연한 마음으로 〈나의 조국〉을 듣는다고 한다.

또한, 이 공연장은 프라하 심포니 오케스트라의 주 무대로 이용되고 있으며 음악회 외에도 연극·발레·오페라 등을 공연하고 있다. 그래서 체코 사람들은 오스트리아보다 더 문화가 발전되어 있다며 자긍심을 가지고 있다.

더불어 1918년 체코슬로바키아 민주공화국이 선포되었던 장소로서 체코 사람들에게는 가장 사랑받고 있는 건축물이자 자존심의 역할을 하고 있다.

● 프라하 어디서든 눈에 띄는 ●

성모 마리아 틴 교회

(Chrám Matky Boží před Týnem)

1365년 고딕 양식으로 건축한 교회로 성 비투스 대성당과 함께 프라하를 대표하는 종교 건축물로 꼽힌다. 작은 탑이 주변을 에워싼 가운데 그 중앙에 우뚝 선 쌍탑이 인상적인데, 프라하 시내 어디에서든 보인다. 꼭대기가 금빛으로 빛나는 쌍탑은 높이가 80m로 높은 건물이 많지 않은 프라하에서 단연 눈에 띈다.

쌍탑 사이에 후스파를 상징하는 황금 성배가 있었는데, 1621년 가톨릭 성당으로 개조하면서 황금 성배를 녹여 마리아의 후광을 만드는 데 사용했다고 한다. 교회 안에 있는 오르간은 1673년에 만들어진 파이프 오르간으로 프라하에서 가장 오래되었다.

이곳은 많은 광고나 영화에 등장해서 그런지 굉장히 친근감이 느껴진다. 어린 시절 TV에서 초콜릿바인 자유시간 CF를 보았는데, 자유시간보다 뒤에 보이는 황금빛 주변 건물 위로 흰색과 푸른색 조명의 조화를 이룬 성모 마리아 틴 교회의 웅장함과 화려함이 어린 나에게 더 큰 충격을 주었던 기억이 새롭다.

● 노천카페에 앉아 즐기는 ●

올드타운 광장(Staroměstské náměstí)

프라하 올드타운 광장은 13세기부터 시장이 열려 많은 사람들이 이용하였던 광장으로 14세기 기록에는 이미 '올드타운 광장'이라는 표현이 등장하였다고 한다. 그 후 줄곧 사람들은 올드타운 광장이라고 불러 왔는데, 바츨라프 광장과 카를교 사이에 있어서 관광객들로 문전성시를 이룬다.

고딕 양식 및 바로크 양식 등 다양한 건축 양식을 볼 수 있을 뿐 아니라 독특한 레스토랑을 포함하여 분위기 있는 노천카페가 많아서, 잠시 앉아 지나가는 관광객들만 보아도 시간 가는 줄 모르고 프라하의 매력에 빠질 것이다.

프라하 올드타운

프라하 거리

Part 2 낭만과 추억의 나라 **체코**

얀 후스 동상(Pomník mistra Jana Husa)

체코의 종교개혁자 얀 후스(Jan Hus, 1372?~1415)의 탄생 500주
년을 기념해 1915년 세워진 동상이다. 처음에 이 동상을 어디에 세
울 것인가를 두고 논란이 많았다. 바츨라프 광장과 베들레헴 광장 등
도 후보였으나 결국 올드타운 광장에 설치되었다. 얀 후스 동상은 아
르누보 스타일의 역동적인 모습을 자랑하며, "진리는 승리한다"는
의미심장한 문구는 체코인들이 가장 좋아하는 문구이다.

우리는 종교개혁으로 마틴 루터를 알고 있는데, 얀 후스는 그보다

얀 후스 동상

1세기나 앞서 종교개혁을 주장한 인물이다. 그는 신학자로서 카를 대학 총장과 함께 성직자를 겸하면서 그 당시 특정 계층만 이해할 수 있는 라틴어 대신 누구나 이해할 수 있는 체코어로 설교하였다. 당시 부패한 가톨릭 교황과 성직자 등을 부정하고, 널리 유행하였던 면죄부 판매를 강력히 비판하였다.

그로 인하여 교황으로부터 파직당하였고, 나중엔 이단으로 몰려 화형까지 당하고 만다. 어둠의 시대로 불릴 만큼 암울했던 체코 사람들에게 얀 후스의 사상과 정신은 민족의 핵심 사상이 되었다. 얀 후스 동상은 1962년부터 국가문화기념물로 지정되어 체코 사람들에게 정신적 지주로서의 역할을 하고 있다.

● 세계에서 가장 아름다운 도서관 ●

클레멘티눔(Klementinum)

클레메티눔 도서관은 세계에서 가장 아름다운 도서관 중 하나로 꼽히는데, 한국 사람들에게는 필수 코스가 아니기 때문에 잘 방문하지 않는 곳이다. 하지만 프라하에 방문한다면 꼭 시간을 내어 경험하였으면 한다.

이곳은 처음엔 예수회의 성당과 학교, 도서관 등의 복합단지로 도미니크회 수도원으로 사용되다가 예수회가 수도원을 인수하면서 지금의 모습으로 확장된 것이다. 2005년 유네스코 직지상을 수상하면서 많은 사람들이 이곳을 자유롭게 보길 원하지만, 내부는 아쉽게도 개인적인 투어는 할 수 없으며 가이드 투어로만 관람할 수 있다.

처음에 이야기하였듯이 이곳에서 가장 하이라이트는 도서관이다. 1722년 완공한 바로크 스타일의 도서관은 너무나 아름다워서 도서관에 관심을 가지지 않았던 사람들까지 이곳을 방문할 정도로 유명해졌다. 체코의 많은 도서관들 가운데 이곳이 1990년 체코 정부에 의해 국립 도서관으로 지정되었다. 모차르트나 코메니우스에 관한 자료, 체코 문학 자료 등 다양한 서적들을 소장하고 있다.

도서관뿐만 아니라 예배당과 천체 관측대, 시계와 탑 등도 볼만하다.

● 프라하의 상징 ●

카를교(Karlův most)

프라하에서 가장 오래된 다리이자 세계에서 가장 아름다운 석조 다리로 알려져 있다. 카를교는 프라하를 상징하는 최고의 건축물 중 하나로 프라하의 상징물이라는 데 어느 누구도 의심하지 않을 것이다. 카를교 입구에는 체코인들이 가장 존경하는 카를 4세의 동상도 세워져 있다. 이를 보면 카를 4세가 얼마나 체코 시민들에게 존경받는 사람인지 알 수 있다.

카를교는 당시 대홍수를 두 번이나 겪으면서 다리가 떠내려가자 카를 4세의 지시하에 만들어졌다. 홍수에도 끄떡없는 가장 튼튼한 다리를 만들라는 그의 지시에 따라 당시 독일인이었던 천재 건축가 페테르 파를러에게 의뢰하였다. 페테르 파를러는 성 비투스 대성당을 설계한 인물이기도 하다. 프라하에서 가장 사랑받는 건축물들을 설계한 인물로, 프라하 시민들에게 엄청난 선물을 안겨 준 이다.

1357년부터 1402년까지 총길이 약 520m, 폭 약 10m의 고딕 양식으로 건축하였다. 이 다리는 고딕 양식의 돌로 된 건널목에서, 조각상이 늘어선 수수께끼 같은 매력을 지닌 오늘날의 모습을 한 대로로 발전해 나가기 시작했다.

카를교를 걷다 보면 많은 사람들이 모여 있는 곳을 만날 수 있는데, 바로 1683년에 세워진 얀 네포무츠키의 바로크 동상이 있는 곳이다. 체코의 수호성인을 나타낸 엄숙한 조각상으로, 이 조각상 앞에 많은 관광객들이 지그시 눈을 감고 소원을 빈 다음 네포무츠키 부조의 왼손을 만지는 모습을 볼 수 있다. 그렇게 하면 소원이 꼭 이루어진다는 전설이 있어서 카를교를 지나는 사람들은 다 소원을 빈다. 사람들이 많이 기다리고 있다고 그냥 지나쳐 가지 말고 꼭 해 보길 바란다.

카를교가 사랑받는 또 하나의 이유는 이 다리를 건너는 동안 거리의 악사들이 무료로 들려주는 음악 때문이다. 다리를 걷는 동안 선율

카를교 전경

카를교 위에서

이 들려온다면 잠시 멈춰 서서 감상해 보자. 왜 카를교가 세계에서 가장 아름다운 다리인지를 확인시켜 줄 것이다.

카를교는 체코의 역사처럼 많은 세월이 지나는 동안 수차례 홍수로 피해를 입었지만, 중세의 도시 프라하를 찾는 많은 이에게 중심적인 장소로 남아 있다. 카를교는 어둠이 깔리고 거리의 조명이 다리를 비춰 동상이 그림자로 보일 때의 모습이 가장 아름답다고 하나, 나는 언제 어디서 보아도 가장 아름다운 다리가 카를교라고 손꼽는다.

프라하 그리고 카를교, 이 공식은 절대 깨지지 않는 불문율이 될 것이다.

● 체코의 민족주의 표상 ●

프라하성(Pražský hrad)

프라하성은 체코를 대표하는 국가적 상징물이자, 유럽에서도 손꼽히는 거대한 성이다. 9세기 말부터 건설되기 시작하여 카를 4세 때인 14세기에 지금과 같은 모습을 갖추었고, 이후에도 계속 여러 양식이 가미되면서 복잡하고 정교한 모습으로 변화하다가 18세기 말에야 현재와 같은 모습이 되었다.

처음 건설될 당시에는 로마네스크 양식으로 지어졌으나, 13세기 중엽에 초기 고딕 양식이 첨가되고, 이어 14세기에는 프라하 출신

카를 4세에 의해 왕궁과 성십자교회 등이 고딕 양식으로 새롭게 건
축되면서, 이때부터 체코를 상징하는 건축물이 되었다. 그 뒤 블라
디슬라프 2세 때 후기 고딕 양식이 가미되고, 1526년 합스부르크왕
가가 이 지역을 지배하면서 다시 르네상스 양식이 도입되었다.

　1918년부터는 대통령 관저로 사용되면서 내부 장식과 정원이 새
롭게 정비되었다. 프라하성은 르네상스풍으로 프라하 어디에서 보
아도 프라하 시민들의 자존심처럼 우뚝 서 있는 모습으로 만나 볼 수
있다. 프라하의 역사와 운명을 함께해 온 프라하성은 20세기 체코의
민족주의를 상징하는 실제적인 표상이다. 특히 1918년 체코슬로바
키아 공화국이 설립된 이후, 체코에서 가장 큰 역할을 수행하고 있는
셈이다. 많은 역사적인 사건들을 뒤로하고, 1989년의 벨벳 혁명 이

후 개조 작업을 거쳐 대중에게 공개되었다.

이렇게 아름다운 프라하성을 만나고 싶다면, 프란츠 카프카의 소설 《성(城)》을 읽어 보길 바란다.

● 600년 만에 완공된 ●

성 비투스 대성당(Katedrála Sv. Víta)

600년 동안 건축하였던 프라하성의 상징으로, 프라하성 중앙에 있다. 보헤미아의 군주들이 대관식을 올렸을 뿐 아니라 사후 매장된 이곳 성 비투스 대성당은 프라하에서 가장 큰 성당일 뿐 아니라 가장 중요한 성당이다.

성 비투스 대성당의 기원은 925년, 로마 제국 황제로부터 받은 성물인 성 비투스의 팔을 보관하기 위해 교회를 지으면서 시작되었다. 1344년 카를 4세 때 착공하여 1929년에야 완공되었다. 약 600년 동안 건축되었던 이 성당의 최초 설계자는 프랑스 출신의 건축가 마티아스(Matthias of Arras)였다. 그가 1352년 숨을 거두자 당시 23세의 페테르 파를러(Peter Parler)가 뒤를 이었는데, 페테르 파를러는 카를교까지 건축한 그 시대 최고의 건축가이다.

하지만 그도 완공된 모습을 보지 못하였고, 그의 아들과 또 다른 건축가들이 계속해서 작업을 이어 갔다. 공사는 얀 후스(Jan Hus)의

성 비투스 대성당

성 비투스 대성당 내부

종교개혁 때 잠시 중단되었다가 다시 재개되었다. 16세기 중엽 르네상스식 첨탑이 완공되고, 17세기에 양파 모양의 바로크식 지붕이 모습을 드러냈다. 그리고 1753~1775년 사이에 비로소 오늘날과 같은 신고딕 양식의 완성된 형태를 갖추게 되었다.

성 비투스 대성당의 둥근 천장은 고딕 건축의 걸작이다. 마티아스와 파를러 가족의 노력에도 성당의 완공은 멀게만 느껴졌으며, 르네상스와 바로크 양식으로 몇 군데 증축되었음에도 이 성당은 19세기까지 미완성 상태였다. 1844년 '성 비투스 대성당 완공을 위한 조합'이 결성되어 1929년, 건축이 시작된 지 600년여 만에 전체 길이 124m, 너비 60m, 첨탑 높이 100m, 내부 천장 높이 33m의 규모로 완성되었다.

이 성당을 가만히 바라보고만 있어도 과연 인간의 힘은 어디까지인가를 스스로에게 물어보게 된다. 많은 성당을 보았지만, 성 비투스 대성당은 다른 성당에서 느끼지 못한 묘한 감정을 갖게 한다.

황금소로(Zlata ulicka)

프라하의 대표적인 관광 명소 중 하나로, 성 비투스 대성당을 보고 난 후 정신이 혼미해진 상태로 많은 사람들이 다 같이 몰려가는 곳이 있다. 그들을 따라가다 보면 색색의 집이 늘어선 골목이 나오는데, 이 골목이 바로 '황금소로'이다. 마치 동화책 속에 나올 법한 아기자기하고 예쁜 집이 나란히 서 있어 관광객들에게 인기를 끈다.

거리 중간쯤에는 한때 소설가 프란츠 카프카(Franz Kafka, 1883~1924)의 작업실이었던 22번지의 푸른색 집이 있다. 이 집에서 카프카가 프라하성을 배경으로 한 소설 《성(城, Das Schloss)》을 집필했다는 사실이 밝혀지며 특히 관광객에게 인기다. 현재는 카프카 관련 서적과 엽서 등을 파는 서점이 되었다.

황금소로의 집들은 16세기 성에서 일하는 시종이나 집사, 보초병이 살기 위해 지은 것이다. 그 후 루돌프 2세가 고용한 연금술사들이 모여 살면서 불로장생하는 비약을 만들 궁리를 했다고 해서 '황금소로'라는 별칭이 붙었다고 한다. 또는 금박 세공사들이 살아서 황금소로라고 불렀다는 말도 있다.

성벽과 거리 반대쪽에도 집들이 지어졌으나 마리아 테레지아 시대에 한쪽이 철거되었다. 지금은 성벽 쪽에만 15채 정도 보존돼 있는데, 대부분 기념품점으로 탈바꿈했다. 13~16번지의 집들은 전시

황금소로

장인데 각각 당시의 주방 · 응접실 · 침실 · 작업실 등이 재현되어 있어 과거 프라하 사람들의 생활상을 이해하는 데 도움을 주고 있다.

● 젊은이들의 성지 ●

존 레논 벽(Lennonova zed')

역사상 가장 위대한 그룹으로 불리는 영국의 록 밴드 '비틀스'의 멤버인 존 레논이 1980년 12월 8일 암살당하자 전 세계가 충격에 휩싸였고, 체코 젊은이들도 예외가 아니었다. 그러던 어느 날, 프랑스 대사관 반대편에 길게 늘어진 이 담벼락에 누군가 존 레논의 얼굴과 대

표곡인 〈이매진(Imagine)〉의 가사를 적어 넣으면서 '존 레논 벽'의 역사가 시작됐다.

당시 공산주의 체제였던 체코에서는 서구 팝 음악 대부분이 금지곡으로 지정되어 있었으며, 서구 음악을 연주하거나 들을 경우 감옥에 투옥되는 일이 많았다. 이러한 위험성을 무릅쓰고 많은 프라하 시민들은 이곳에 존 레논을 추모하는 글을 적었다.

프라하시에서는 그때마다 이 벽을 새로 칠하기도 하였는데, 그다음 날이면 다시 그라피티와 추모 글이 쓰여 있었다고 한다. 쓰는 자와 지우는 자 간의 신경전이 계속되는 가운데 존 레논 벽은 이후 프라하 청년들에게 평화의 상징이자 정치적 구심점이 되었다.

시간이 흐르면서 존 레논의 형상은 눈 부분을 제외하곤 찾아볼 수 없게 되었지만, 많은 관광객들이 이 벽을 찾아 새롭게 그의 얼굴과 평화의 메시지를 그려 나가고 있다. 그래서인지 이곳에는 유난히 전 세계 젊은이들의 모습을 많이 볼 수 있다. 여기서도 벽 앞에서는 거리의 악사가 연주하는 〈이매진(Imagine)〉의 노래가 울려 퍼진다. 존 레논을 추모하는 젊은이들이 악사에 맞추어 노래를 따라 부르는 모습을 보면, 이곳이 이제는 성지가 된 것 같다.

● 체코의 대표 음식 ●

꼴레뇨(Koleno)

그 나라에 가면 꼭 경험해야 하는 것이 세 가지 있다. 첫 번째, 그 나라 대표적인 음식 먹어 보기. 두 번째, 그 나라 특산품 사 보기. 세 번째, 그곳의 역사는 알아보기. 그중 첫 번째인 '그 나라 대표적인 음

꼴레뇨

카페 루브르

Part 2 낭만과 추억의 나라 **체코**

식 먹어 보기'에서 체코의 대표적인 음식의 하나가 꼴레뇨다.

체코어로 '무릎'이라는 뜻을 가진 꼴레뇨는 돼지 무릎 아래 정강이 부분을 구운 요리로, 다양한 소스에 찍어 양배추 절임과 함께 먹는 요리이다. 우리나라의 족발, 독일의 슈바인 학세와 비슷하며, 부드럽고 쫄깃한 식감에 누구나 거부감 없이 즐길 수 있다. 체코 어디서나 쉽게 맛볼 수 있는데, 맥주와 환상의 궁합을 자랑한다.

 여기서 "콕"

프라하에서 카페 루브르(Café Louvre)를 찾아보자. 당시의 화려함에 대한 환상에 저절로 빠져들게 될 것이다. 카페 루브르를 자주 찾았던 알버트 아인슈타인(Albert Einstein)처럼 달달한 케이크와 함께 진한 에스프레소를 경험해 보자.

02

트렌디하고 매력적인 도시,
브르노(Brno)

브르노는 체코에서 두 번째로 큰 도시다. 소설가 밀란 꾼데라의 고향이기 때문에 그의 팬이라면 이 도시를 한 번쯤은 들어 보았을 것이다.

하지만 브르노는 체코의 많은 도시들과는 달리 체코 여행을 계획하는 관광객들의 관심을 끄는 도시는 아니다. 사실 브르노는 체코에서 굉장히 중요한 도시임에도 불구하고 안타깝게도 관광객에게는 많이 알려져 있지 않다. 체코를 크게 두 지역으로 나눌 수 있는데, 서쪽은 보헤미아로, 동쪽은 모라비아로 나뉜다. 서쪽의 대표 도시가 프라하라면 동쪽의 대표 도시가 바로 브르노이다.

대학교가 많아 교육 도시로서의 역할뿐 아니라 젊은 학생들이 각자의 개성을 가지고 만든 트렌디한 레스토랑이나 상점 등 다른 도시에서 느끼지 못한 것들을 매력적으로 경험할 수 있다. 우리나라 혜화동에 와 있는 듯, 젊은 친구들의 독특한 디자인으로 가득한 상점들이 사람들의 시선을 이끈다.

체코의 여느 도시와 마찬가지로 브르노는 13세기 독일의 식민사업 영향을 받았으며, 오스트리아 왕위 계승전쟁 등으로 인해 주인이 계속 바뀐 불행한 도시이다. 하지만 반복된 전쟁에도 불구하고 고딕 양식인 장크트토마스 교회와 아우구스티누스 수도원 등 훌륭한 건축물들을 원형 그대로 지켜 냈다.

그래서인지 이 도시는 젊고 트렌디한 느낌과 함께 예전의 건축물들이 잘 조화되어 있다. 브르노 시민들은 다른 도시 시민들보다 굉장

브르노 전경

히 자부심을 가지고 있어, 체코에서 삶의 질이 높은 도시로 알려져

있다.

슈필베르크성(Hrad Špilberk)

브르노에서 최고의 건축물로 불리는 슈필베르크성은 13세기 중반 브르노 서쪽 언덕 위에 군사적 목적으로 세워진 요새였다. 몇 세기에 걸쳐 소유주와 용도가 바뀔 때마다, 성은 용도에 맞춰 개축을 거듭했다.

원래 고딕 양식의 건축물이었던 슈필베르크성은 17세기 중반에 바로크식으로 개축됐고, 18세기에는 군사용 '요새'로 이용되다가 18세기 말 황제의 명령으로 '감옥'으로 개조되었다. 이후 체코의 정치범들은 물론이고 프랑스·이탈리아·폴란드 등 유럽 각국의 정치범들을 수용하는 '수용소'로 활용됐다. 제2차 세계대전 중에는 독일 나치에 의해 수용소로 이용됐으며, 이때 지하감옥에 유대인 등 무려 8만여 명의 사람들을 가두었다.

슈필베르크성에는 감옥으로 사용되었던 1층부터 2층까지 각 장소마다 어떤 역할을 했던 곳인지를 알려 주는 밀랍 인형들과 물건들이 세트로 구성·전시되어 있어 당시의 분위기를 느낄 수 있게 한다. 좁은 통로는 조명만 켜져 있어 혼자 다니기에는 조금 무섭기도 했다. 폴란드 아우슈비츠 수용소와 비슷한 분위기를 풍겨 묘한 느낌이 들었다.

1832년 이탈리아의 시인 실비오 펠리코는 자신의 저서 《나의 감

위에서 바라본 슈필베르크성

슈필베르크성

Part 2 낭만과 추억의 나라 체코

옥(Le mie prigioni)》에 당시 오스트리아가 이탈리아 애국자들인 카르보나리 당원들을 투옥한 슈필베르크 지하감옥의 공포를 폭로하기도 하였다.

브르노시는 이러한 부정적인 슈필베르크성을 문화예술의 메카로 개발하기 위해 노력하고 있다. 이를 위해 브르노시에서는 성의 원형을 그대로 보존하면서도 실내외 공간들을 공연장과 전시장으로 꾸몄다. 6~8월 여름 시즌 슈필베르크성은 시민과 관광객, 그리고 음악예술가들의 발길로 늘 북적인다. 7~8월 두 달 동안은 셰익스피어의 연극들이 공연되어 시민과 관광객들에게 즐거움을 선사하고 있다.

그 결과 슈필베르크성은 예전의 어두웠던 과거를 청산한 듯 현재는 브르노 시민들이 가장 많이 찾는 문화공간이 되었다.

● 11시의 기적 ●

브르노 천문시계(Brněnský orloj)

브르노 자유 광장에는 천문시계라고 불리는 조각품이 있다. 이게 정말 천문시계가 맞는지 의심할 정도로 독특한 모습으로 조각되어 있다. 1618~1648년 독일을 무대로 신교(프로테스탄트)와 구교(가톨릭) 간에 벌어진 종교전쟁 때 이곳에 주둔하였던 스웨덴군을 방어한

브르노 천문시계

Part 2 낭만과 추억의 나라 **체코**

지 365년 된 것을 기념해 2010년 9월 18일에 만들어졌다. 당시 스웨덴군이 12시까지 브르노를 점령하지 못하면 물러나겠다고 약속했는데, 브르노 시민들이 기지를 발휘하여 11시에 타종을 한 덕분에 스웨덴군을 물리칠 수 있었다.

그래서 매일 오전 11시가 되면 이 천문시계에서는 구슬을 하나씩 뱉어 내는 광경을 보기 위하여 모여든 사람들로 북새통을 이룬다. 하지만 쉽게 구슬을 집어 들 수는 없다. 여러 군데에서 구슬을 뱉어 내기 때문에 운이 좋아야 얻을 수 있다.

어두운 역사를 지울 수는 없지만, 다시 이러한 역사를 반복하지 않기 위하여 조형물로 시민들에게 경각심을 주는 것을 보면, 체코 사람들의 노력을 엿볼 수 있는 것들이 참 많음을 알 수 있다.

● 브르노의 자긍심 ●

성 베드로 · 성 바오로 대성당
(Katedrála svatých Petra a Pavla)

모라비아 지역에서 가장 유명한 건축물 가운데 하나로, 브르노 중심가에 있다. 수세기 동안 증축과 재건을 거쳐 현재의 모습에 이르게 되었다. 뾰족한 첨탑은 고딕 양식이며 내부는 바로크 양식으로 조성되어 있다. 이곳 또한 다른 성당과 달리 12시가 아닌 11시에 타종을

하는데, 그 이유는 브르노 천문시계
와 같다. 그 당시 스웨덴군을 속이
기 위해 11시에 종을 울렸던 성당이
바로 이곳이다. 그래서인지 브르노
시민들에게 가장 자긍심 있는 건축
물로 지금도 우뚝 서 있는 모습을 볼
수 있다.

브르노 대성당

● 복수가 낳은 작품 ●

브르노 구시청(Stará radnice)

브르노 구시청은 브르노에서 성당을 제외하면 가장 오래된 건물
이며, 1243년에 설립됐다. 1785년부터 시청 사무실 사용되고 있는
이 건축물은 62.66m 높이의 탑에 173개의 계단을 가지고 있는데,
탑에 오르면 브르노 구시가지의 전경을 볼 수 있다.

어렵지 않게 계단을 올라갈 수 있으니 꼭 올라가서 브르노 전경을
보길 바란다. 그럼 다른 도시와는 달리 조화롭게 어우러진 브르노가
왜 관광객들에 외면받는지 의아할 것이다. 나는 체코 여행을 준비하
는 이들에게 꼭 시간을 내어 브르노를 관광하라고 권하는데, 안타깝
게도 주위에 브르노를 관광한 사람을 찾기란 쉽지 않다.

브르노 광장

　브르노 구시청 출입구에는 독특한 모양을 하고 있는 조각 작품이 있다. 이 작품을 만든 조각가인 안톤 필그람(Antonín Pilgram)이 조각을 완성한 후 약속한 보수를 다 받지 못하자 그 분풀이로 일부러 구부려 놓은 것이다. 역시 예술가만이 생각할 수 있는 최대의 복수라고 생각하는데, 아이러니하게 이 또한 작품으로 인정받았다.

　출입구 안쪽으로 더 들어가면 시청의 마스코트인 브르노 드래곤(Brno Dragon)이라는 악어가 매달려 있다. 터키에서 선물로 보내온 것인데, 한 번도 악어의 모습을 본 적이 없었던 브르노 시민들이 이를 용이라고 부르기 시작하면서 붙여진 이름이라고 한다. 이 세상에 하나밖에 없는 이름 '공룡 악어'가 이렇게 탄생을 하였다니, 스토리를 알고 나면 웃지 않을 수 없다.

브르노 시청 끝에 구부러진 조각

Part 2 낭만과 추억의 나라 체코

03

영화 〈아마데우스〉의 도시, 크로메르지시(Kroměříž)

모라비아 지역에 있는 이 도시는 인구는 약 3만 명 정도의 작은 도시지만, 체코에서 가장 아름다운 도시로 뽑힐 정도로 아름답다. 체코의 최고 영화감독으로 불리는 밀로쉬 포르만의 작품 〈아마데우스〉가 촬영되었던 도시라고 하니 괜히 기분이 좋다.

나는 개인적으로 지금까지 최고의 영화를 꼽으라고 하면 모두 동유럽의 배경을 가진 영화를 꼽는다. 〈아마데우스〉, 그리고 〈글루미 선데이〉. 동유럽을 여행할 때마다 이 영화를 다시 보아서 그런지 100번 이상은 본 것 같다.

이 작은 도시 전체가 유네스코 세계문화유산으로 지정되어 있다. 체코 여행을 계획하는 사람들에게 무조건 시간을 만들어 이 도시를 꼭 방문하길 권하고 싶다. 특히 영화 〈아마데우스〉를 먼저 보고 방문하게 된다면, 내가 영화 속 등장인물이 된 듯한 기분을 느낄 수 있을 것이다.

크로메르지시성(Arcibiskupský zámek Kroměříž)

바로크 양식의 성으로, 중세 유럽을 대표하는 건물들로 주변 경관과 잘 조화되어 있으며 보존이 잘되어 있다. 처음 이곳에 성이 건축된 것은 1497년으로 고딕 양식으로 건축되었다.

30년 전쟁 당시 1643년 스웨덴군에 약탈되었다가, 이듬해 건축가 필리베르토 루치쎄(Filiberto Lucchese)에게 건물 전체에 바로크 양식을 가미한 개보수를 진행해 더욱 아름다운 모습을 갖추게 되었다. 그가 이뤄 낸 가장 주요한 업적 중 하나가 바로 궁전 앞에 지은 정원이다. 1752년에는 화재로 성의 대부분이 소실되었다가 복원 작업을 거치며 현재와 같은 바로크 양식의 외관을 갖추게 되었다. 복원 당시 여러 벽화가 완성되는 한편 많은 예술 작품들이 구비되었다. 크로메르지시성은 크로메르지시 구시가지와 함께 1998년 유네스코 세계문화유산으로 지정됐다.

● 체코에서 가장 아름다운 정원 ●

크베트나 정원(Květná zahrada)

르네상스 이탈리아 정원과 프랑스 바로크 고전주의 정원으로, 크

크베트나 정원

로메르지시성과 함께 유네스코 세계 문화유산으로 지정되었다. 전형적인 바로크 양식으로 매우 아름다우며 체코에서도 가장 아름다운 정원으로 손꼽힌다. 많은 정원을 다녀 보았지만, 이곳처럼 독특하고 아름다운 정원은 처음이다. 중앙에 있는 로툰다(rotonda)의 지붕에는 8개의 작은 창문의 나 있으며, 신화적인 인테리어로 아름답게 꾸며져 있다. 특히 이곳에서 지구가 자전한다는 증명을 하듯이 시간당 15도씩 각도가 변하는 추는 정말 흥미롭게 볼 수 있다.

사진 찍는 것을 좋아하지 않는 사람이라도 이곳에서는 무조건 인증샷을 찍어야겠다는 마음이 들 것이다. 이 정원에서만큼은 여유롭게 걸어 보았으면 한다.

04

시간이 멈춘 중세 도시,
체스키 크룸로프(Český Krumlov)

유네스코가 세계문화유산으로 지정한 이 도시는 남부 보헤미안 지역의 자유롭고 낭만적인 분위기를 고스란히 담고 있다. 세계적인 명성에 비하여 규모는 엄청 작은 편이다.

영화 〈일루셔니스트〉와 〈아마데우스〉의 배경으로, 중세 세트장보다 더 중세적이다. 골목을 다닐 때마다 너무나 귀여운 기념품들이 우리의 눈길을 사로잡는다. 중간중간 위치한 노천 바에 앉아 맥주를 마시고 있는 사람들이 만일 중세 시대 옷을 입었다면, 마치 중세 시대로 들어와 있는 것 같은 혼돈을 느낄 수 있을 정도로 시간이 그대로 멈추어 버린 듯한 기분이 드는 곳이다.

이 도시 전체를 블타바강이 S자 모양으로 휘감고 있는 모습과 함께 파스텔톤의 집들이 모여 있는 것을 보고 있노라면, 나도 모르게 스스로를 잠깐 돌아보는 시간을 갖게 된다. 도시 분위기에 빠지면서 작은 도시를 걷다 보면, 탄성이 절로 나오는 망토 다리가 보이는데 블타바강의 곡선과 붉은 지붕들이 모여 있는 이곳에서 꼭 본인만의 추억을 완성시켰으면 한다.

이렇게 아름다운 도시에도 프라하성에 버금가는 체스키 크룸로프 성이 있다니 부럽기만 하다. 이 작은 도시에 이렇게 큰 성이 있는 걸 보면, 이 도시도 한때는 분명 최고의 전성기를 누렸을 것이다.

블타바강이 감싸며 도는 작고 아담한 이 도시에서는 길바닥을 채운 둔탁한 돌길도 정감 있게 다가선다. 지금까지도 커다란 변화 없이 예전 그대로의 모습을 간직하고 있는 이 광경을 보기 위해, 주말이면 사람들이 깊은 휴식을 취하려 몰려든다.

  이 도시는 바라만 보고 있어도 그동안 내가 이루지 못한 소망을 굳이 후회할 필요가 없음을 깨닫게 된다. 만일 앞으로 무엇을 해야 하는지 하나의 길을 깨닫기 위해 여행할 도시를 찾는다면, 나는 망설임 없이 이곳을 가 보라고 추천할 것이다.

이발사의 다리(Lazebnický most)

영화 〈일루셔니스트〉에 등장하는 다리로, 영화 속의 모습과 비교하는 즐거움을 누리길 바란다.

이발사의 다리에는 슬픈 전설이 깃들어 있다. 옛날에 한 정신병이 있는 왕자가 이발사의 딸에게 반했는데, 어느 날 그녀가 살해당했다. 그러자 왕자는 범인을 잡겠다며 온 마을 사람들을 하나둘씩 잡아 죽이기 시작했고, 보다 못한 이발사가 자신이 딸을 죽였다며 자백하여 처형당했다는 이야기이다. 왕자의 사랑 때문에 이발사는 딸도 잃고 본인의 목숨도 잃은 셈이다.

이 다리는 가련한 이발사를 기리는 뜻에서 '이발사의 다리'라 불리게 되었다. 이러한 슬픈 사랑 이야기가 담겨 있는 다리는 어느 곳에 가더라도 많이 있지만, 특히 이곳에 담긴 이야기는 더 슬픈 것 같다.

체스키 크룸로프성
(Státní hrad a zámek Český Krumlov)

체코에서 프라하성 다음으로 큰 성이다. 고딕 양식으로 지어진 최초의 성이며, 현재 남아 있는 가장 오래된 르네상스 양식의 건물이다. 13세기 전반 영주의 명으로 블타바강이 내려다보이는 돌산 위에 건립되었다. 지금의 모습은 1680년대에 에겐베르크(Eggenberg) 가문의 요한 크리스티안 1세(Johann Christian Ⅰ)가 바로크식으로 개축하고, 뒤를 이어 슈바르젠베르크 가문의 후손들에 의해 광범위하게 수리된 것이다. 1950년 체코 정부가 성을 인수한 후, 일반인들에게 성 내부를 공개하고 있다. 성 안에는 영주가 거주하던 궁전과 예배당, 바로크식 극장 등이 있는데, 각각의 건물들은 정원으로 길게 연결되어 있다. 이 성에서 체스키 크롬로프의 전경을 바라보고 있노라면, 왜 사람들이 이곳을 유럽의 소도시 중 꼭 가 봐야 하는 도시로 선정하였는지를 알 수 있을 것이다.

● 정원으로 가는 비밀 복도 ●

망토 다리(Plášťový most)

다리가 협곡을 연결한 모습이 마치 어깨에 걸치는 망토와 같다고 해서 '망토 다리'로 부르게 되었다. 과거에는 말을 타고 이 다리를 지나갔다. 성안의 바로크 극장에서 정원으로 바로 갈 수 있는 비밀스런 복도다. 3층으로 이뤄진 아치 모양의 다리는 튼튼한 요새로서의 기능도 하는데, 이는 서쪽의 성을 보호하기 위해서이다. 원래 도랑이

흘러 이동이 어려웠으나, 이 다리가 세워지면서 마을에서 성 밖으로
나갈 수 있게 되었다.

● 대표적인 표현주의 화가 ●

에곤 실레 아트센터(Egon Schiele Art Centrum)

체스키 크롬로프는 에곤실레의 어머니 고향으로, 그가 은둔 생활
을 하며 그림을 그리고 싶을 때 자주 이곳을 찾았다고 전해진다. 에
곤 실레는 대표적인 표현주의 화가로서 오스트리아에서 많이 활동
하였다.

에곤 실레 아트센터에는 그의 삶과 작품 세계를 보여 주는 자료들이 전시되어 있다. 그의 작품들이 많이 전시되어 있지는 않지만, 아트센터를 돌아보며 그가 얼마나 고뇌하면서 작품 활동을 했는지를 느낄 수 있다. 다른 갤러리에서 보기 힘든 에곤 실레의 어렸을 때 사진 등을 볼 수 있어서 나름의 의미가 있을 것이다.

외설적 화가라고 그를 부정하는 사람도 많은 반면, 그가 젊은 나이에 요절한 것에 대해 마음 아프게 생각하는 사람도 많다. 만약 그의 팬이라면 꼭 들러서 기념품을 사는 것도 좋은 경험이 될 것이다.

 여기서 "콕"

전통 체코식 스테이크와 함께 흑맥주를 경험해 보자. 광장 근처에 있는 식당(Krčma Šatlava)에서 숯불에 구워서 나오는 스테이크는 식당 분위기와도 무척 잘 어울린다.

체코식 전통 스테이크와 흑맥주

05

버드와이저의 고향,
체스케 부데요비체(České Budějovice)

체스케 부데요비체는 남부 보헤미아 지방의 교통 요충지이다. 오스트리아 국경 근처에 있어서 일찍부터 무역이 발달하였으며, 특히 맥주를 생산하는 양조업이 크게 성행하였다. 하지만 1641년 대화재로 인하여 도시는 잿더미로 변하였다. 이에 예전의 영광을 되찾으려는 시민들의 많은 노력에도 불구하고 안타깝게도 이 도시는 사람들에게 그저 버드와이저를 경험하는 도시로만 알려져 있다.

대학 시절, 버드와이저 병을 들고 마시면서 미국 맥주를 마신다고 생각한 적이 있었다. 나뿐 아니라 대부분의 사람들이 그렇게 생각하였는데, 알고 보니 버드와이저는 이 도시와 함께 약 700년의 역사와 전통을 자랑한다고 한다.

미국의 주류 수입업자 콘래드가 체코 여행 중 체스키 부데요비체에서 부트바이스 부드바이저버 맥주 맛을 잊지 못하여 그 맥주 제조법 그대로 사용하여 만든 맥주가 지금 우리가 알고 있는 미국의 버드와이저로 알려지고 있다.

성모 마리아 성당

(Kostel Obětování Panny Marie)

성모 마리아 성당은 남부 보헤미아에서 가장 가치 있는 건축물 중 하나로 1274년에 봉헌되었다. 현재 남아 있는 부분 중 가장 오래된 것은 1265년 체스케 부데요비체 도시와 함께 성립되었다.

전체적으로 3중벽을 취하고 있으며, 지어졌을 당시에는 수도원이었다. 내부에서는 바로크 양식의 장식을 볼 수 있는데, 14세기에 제작된 벽화도 아직 남아 있다. 예배당은 1267년 프레미실 오사카르 2세의 아내를 기리기 위해 지어진 것으로, 17세기와 18세기에 개축을 거쳤다가 1885년 현재의 모습으로 바뀌었다.

프레미실 오타카르 2세 광장

(Náměstí Přemysla Otakara Ⅱ)

체코에서 두 번째로 큰 광장이다. 체코의 전신인 보헤미아의 초기 국왕 프레미실 오카타르 2세(1233?~1278)의 이름을 딴 곳으로, 체스케 부데요비체의 중심 광장이라 할 수 있다.

오타카르는 10대였던 1248년에 귀족들의 지시를 받고 아버지인 바츨라프 1세에 대항하는 반란을 일으켰다. 우리나라에서도 역사적으로 비슷한 사건들이 있는 걸 보면, 권력을 잡기 위해서는 부모 형제도 없다는 것이 동서양을 막론한 불문율인가 보다.

당시 몇몇 귀족들이 오타카르를 보헤미아의 군주로 선출하고 바츨라프 1세를 축출하자는 데 동의했지만, 교황 인노첸시오 4세가 오타카르를 파문시키면서 아쉽게 패배하고 만다. 반란군을 진압한 바츨라프 1세가 오타카르를 프르짐다(Přimda)성에 유배시켰지만, 아버지의 너그러운 마음 때문인지 1251년에 석방시킨다.

그렇게 석방된 오타카르는 오스트리아의 공작 프리드리히 2세

오타카르 2세 광장

공의 누나인 마르가레테(Margarete)와 결혼하는데, 그로부터 2년 후인 1253년 바츨라프 1세가 사망하면서 결국 보헤미아 국왕으로 즉위한다.

삼손 분수(Samsonova kašna)

프레미실 오카타르 2세 광장의 중앙에 1721년에 만들어 약 5년 만에 완성된 삼손 분수가 위치해 있다. 이 도시의 상징으로서 아픈 역사를 아는지, 다른 분수와는 달리 물을 뿜어내는 모습을 볼 수 있다.

전형적인 바로크 양식의 이 분수는 평균 지름이 무려 17m나 되며, 장식 화병 4개와 24개의 돌기둥으로 구성돼 있다. 이 도시가 번성하는 시기에 인구가 증가하면서 물 공급이 문제가 되어, 1716년 물을 공급하는 분수를 구축하기로 결정하고 광장 중앙에 분수를 설치하였다.

 여기서 "콕"

맥주를 좋아하지 않더라도 이곳 버드와이저 본고장에서 전통 체코 디저트 중 하나인 뜨르들로를 안주 삼아 맥주를 꼭 한번 먹어보자.

06

레드니체·발티체 문화경관
(Lednice-Valtice Cultural Landscape)

레드니체와 발티체는 신성로마제국에 속해 있던 리히텐슈타인 가문의 중심 영지이다. 이곳에는 자연의 아름다움을 살린 정원에 유럽 건축의 최고봉이라고 할 만한 화려한 성과 궁전 등이 보존되어 있다. 이 도시도 마찬가지로 체코의 다른 도시처럼 유네스코 세계문화유산으로 지정되어 있다.

레드니체에는 13세기 중반에, 발티체에는 14세기 이후에 처음으로 건물이 세워졌다. 17세기 초 리히텐슈타인가의 공작 카를 1세는 당시의 건물을 전면 개축하여 발티체의 성을 주거할 공간으로, 레드니체의 궁전을 여름 궁전으로 정했다.

레드니체궁과 발티체성은 그 뒤 여러 번 개축되어, 현재는 바로크 양식을 중심으로 르네상스·로마네스크·고딕·네오고딕 양식이 혼합되어 있다. 영지 안의 주요 건물과 장소는 발티체성을 중심으로 하여 바로크식의 쭉 뻗은 넓은 길로 이어지고, 길 양쪽에는 인공적으로 조성한 숲이 우거져 있다. 19세기에는 영국식 정원 양식을 도입하여 연못과 수로를 설치했다.

레드니체성(Státní zámek Lednice)

레드니체(Lednice)는 체코어로 '냉장고'라는 뜻으로, 17세기부터 리히텐슈타인 가문이 여름 별장으로 사용하던 성이다. 호수로 둘러싸인 레드니체성은 나무 그늘이 많고 다른 지역보다 기온이 낮아 한여름에도 시원한 바람이 분다. 정원과 건축물이 빚어내는 자연스러운 경관을 높이 평가받고 있다.

지금 있는 성은 역사를 알지 못하고 본다면 굉장히 오래전에 건축한 것이라고 생각하겠지만, 사실 150년 전에 새로 지어진 건물이다. 당시 귀족들은 '우리가 잘나가던 시대'를 재현하기 위하여 고딕 시대의 양식으로 건물을 지었다.

성안에는 접견실을 비롯해 약 400여 개의 방이 있다. 그중 1851년 제작된 나선형의 오크나무 계단이 큰 볼거리인데, 나무 하나를 통째로 조각한 것으로 8년에 걸쳐 장인 3명이 일일이 직접 조각하여 만들었다. 정교한 포도 장식에 눈을 떼지 못할 만큼 아름답다.

성안에는 음악을 연주하는 사람이 있는데, 연주자 뒤에 걸린 그림에는 사연이 담겨 있다. 그 당시 성주가 그림 속 나체의 여인을 사모했는데, 아내가 이를 크게 질투했다고 한다. 그래서 남자는 그림 속 여자를 몰래 보기 위해 거울을 갖다 놨다고 한다. 그런가 하면, 이 거울을 보게 되면 여자는 임신을 하게 되고 남자는 머리카락이 빠진다

레드니체성

는 설도 있다.

성안에는 엄청난 무게를 자랑하는 샹들리에가 있다. 그 당시 얼마나 화려한 생활을 했는지를 보여 주기에 충분하다. 예전에는 일일이 하나씩 불을 켰다고 하나 1900년대 초부터 전기가 들어오면서 지금은 전기로 작동되고 있다.

400여 개의 방들 중 특히 아프리카 방이 유명한데, 막상 가서 보면 실망할 수도 있다. 하지만 지금 이 시대에도 아프리카 여행은 아직 어렵고, 경비가 많이 소요되어 부담스럽다. 그런데 그 시대에 아프리카를 여행했다는 사실도 놀랍고, 여행을 통해 수집하여 이렇게 방을 꾸몄다는 것을 알게 된다면 더 놀라지 않을 수 없다. 그래서 이 방은 더욱 특별한 의미를 갖게 되는 곳이다.

이뿐만 아니라 다른 성에서는 볼 수 없는 고래의 앞니를 박아 넣었다는 유니콘 두상도 특이하다. 벽 곳곳에 장식된 갑옷과 창, 그리고 큰 무도회장과 함께 주위에 인공으로 만들어졌다고는 믿기지 않는 큰 규모의 정원도 매우 볼만하다. 그럼에도 이 성이 아직도 왜 우리에게 낯설게 느껴지는지 아쉬울 뿐이다.

● 300개의 계단을 오르면 ●

미나렛(Minaret)

레드니체성 주변의 첨탑인 미나렛은 리히텐슈타인 가문의 능력을 과시하기 위해 만든 것이다. 보통 미나렛 하면 이슬람교를 믿고 있는 나라들의 상징인 첨탑을 말하는데, 이곳에서 보니 주위와는 약간 어울리지 않는 듯한 느낌이 든다.

하지만 종교를 떠나 미나렛을 직접 올라가는 경험을 해 보면, 이 작은 도시의 경관이 색다르게 느껴질 것이다. 올라가는 길은 그리 쉽지는 않다. 직접 300여 개의 계단을 올라가야 하는 번거로움이 있지만, 절대 후회되지 않을 것이다.

● 와인과 함께하는 귀족 체험 ●

발티체성(Zámek Valtice)

　모라비아에서 가장 큰 바로크 양식으로, 18~19세기 양식을 그대로 보존한 고풍스러운 성이다. 내부엔 연회장과 예배당, 회의장이 들어서 있다. 그러나 레드니체성을 보고 발티체성을 보게 된다면 약간 실망할 수도 있다. 절대 화려한 내부를 기대해서는 안 된다.

　다만 이곳에서 큰 볼거리가 있는데, 그것은 바로 100년 이상 된 허름한 엘리베이터이다. 물론 지금 봤을 때는 허름하다고 생각되지만, 100년 전으로 거슬러 올라가 보면 이 엘리베이터가 얼마나 대단한

발티체성

것인지, 그리고 그 당시 귀족들의 삶이 어떠했는지를 짐작할 수 있을 것이다.

리히텐슈타인 귀족들은 주로 여름에는 레드니체에, 겨울에는 발티체에 기거했기 때문에 이곳에 난방 시스템을 설치해 놓고, 실내 온도를 17℃까지 일정하게 유지했다고 한다. 현재 호텔과 레스토랑으로 사용되고 있으므로 이곳에서 생산되는 체코 와인과 함께 잠시 귀족 놀이를 해 보는 것도 특색 있는 여행이 될 것이다.

● 오직 체코에서만 맛볼 수 있는 ●

국립 와인 살롱

(Salon vín ČR - Národní vinařské centrum)

발티체성의 지하에는 와인 창고가 위치한다. 체코 하면 맥주만 생각하는데, 발티체에는 드넓은 포도밭이 있다. 아직 우리에게는 알려져 있지 않지만, 많은 외국인들이 체코 국립 와인 협회인 살롱에서 매년 발티체 와인 페어를 열어 체코 전역의 와인 중 최고의 와인 100종을 선발해 이곳에 보관한다.

오직 체코 포도로 체코에서 생산된 와인만이 페어에 참가할 수 있다고 하는데, 체코는 와인 수출을 전혀 하지 않기 때문에 체코에서만 맛볼 수 있다. 우리는 와인 하면 프랑스 혹은 이탈리아나 칠레를 떠올리는데, 이곳에서는 체코 와인에서만 느낄 수 있는 독특한 와인 맛을 볼 수 있다.

우리나라에서는 아직 와인이 그렇게 많이 알려져 있지 않아, 어떻게 마셔야 하는지 물어보는 경우가 많다. 그럴 때마다 나는 항상 원하는 대로 알아서 시음해 보라고 한다. 와인 시음 방법까지 공식을 알려 주고 싶지는 않기 때문이다.

하지만 굳이 와인 시음의 순서를 말한다면, 화이트 와인을 먼저 마시고, 레드 와인과 스위트 와인을 차례로 마시면 좀 더 좋은 와인 시음회를 경험할 수 있다.

07

분수의 도시, 올로모우츠
(Olomouc)

올로모우츠는 "거기가 어디예요?"라고 많이 물어보는 도시이다. 하지만 이 도시는 문화재 보유 수만 보면, 체코에서 프라하 다음으로 많은 문화재를 보유하고 있다.

유네스코 세계문화유산으로 지정된 호르니 광장에는 7개의 분수가 있다. 이 분수들은 고대 로마신화에 나오는 5명의 주인공 주피터, 머큐리, 트리톤, 넵튠, 헤라클레스를 모티브로 삼았다. 나머지 하나는 도시의 전설적인 창시자 율리우스 카이사르이다. 21세기에 들어서 아리온 분수가 주요 광장에 추가되면서 총 7개의 분수가 소방화전 역할을 하고 있다.

아직까지 이 분수들이 그대로 남아 있는 이유는 올로모우츠 시 의회의 선견지명 덕분이다. 대부분의 유럽 도시들이 상수도관을 건설한 후 오래된 분수들을 철거하였는데, 올로모우츠는 화재에 대비해 이들이 소방화전 역할을 할 수 있도록 유지하기로 결정한 것이다. 지금까지 잘 보존되어 있어서인지 사람들은 이곳을 일컬어 '분수의 도시'라고도 한다.

성 삼위일체 기념비(Holy Trinity Column)

유럽의 도시가 항상 그러하듯이 올로모우츠에도 도시 한가운데 가장 중요한 광장이 있다. 호르니 광장이다. 유네스코 세계문화유산으로 지정된 호르니 광장 중심에 성 삼위일체 기념비가 세워져 있으며, 이곳이 기준점으로서의 역할을 하고 있다.

다른 도시의 기념비와 달리 하나의 건물을 보는 듯한 거대한 탑에는 42개의 조각상이 장식되어 있고, 기둥의 높이는 35m이며 1716년에서 1754년 사이에 지어졌다. 유럽을 휩쓴 페스트를 이겨 낸 신의 은총을 기념하며 세웠다.

올로모우츠 천문시계(Astronomical Clock)

프라하의 천문시계처럼 올로모우츠만의 특별한 예술적 감성을 가지고 있는 천문시계가 이곳에도 있다. 실물을 보면, 그 화려함과 아기자기한 모습이 감탄을 자아내게 한다. 프라하의 시계와 마찬가지로 중세시대에 만들어졌지만, 공산정권이 들어서고 지금의 모습으로 다시 만들어졌다.

성 삼위일체 기념비

올로모우츠 천문시계

시계는 14m나 되는 높이에 여러 개의 크고 작은 시계들이 들어가 있는데, 커다란 시계 옆으로는 공산주의 사회의 노동자와 과학자의 모습이 모자이크로 장식되어 있어서, 예전 공산주의 시절의 흔적을 그대로 확인할 수 있다.

시계 위쪽에는 체코 전통 축제의 모습이 모자이크 기법으로 그려져 있고, 시계 주변의 12개의 원 안에는 1년 12달에 대한 그림이 새겨져 있다. 번쩍이는 황금빛 바탕에 커다란 시계 주변의 그림들만으로도 아름답지만, 하루에 단 한 번 천문시계의 쇼가 12시에 진행되어 특별한 경험을 선사한다. 작은 인형들이 나와서 돌아가는 모습이 체코 여행의 또 다른 추억으로 기억될 것이다.

워낙 많은 사람들이 찾는 프라하의 천문시계는 언제나 사람들로 가득하다. 특히 시계가 돌아가는 정시에는 발 디딜 틈도 없다는 표현이 딱 맞는데, 올로모우츠는 프라하 시계탑만큼의 관광객들이 찾지 않아 여유 있게 사진도 찍을 수 있다.

 여기서 "콕"

트바루주키(Tvarůžky)라고 불리는 특별한 치즈는 올로모우츠의 특산품이다. 동그란 모양, 꼬릿꼬릿할 정도로 강렬한 향을 가진 아주 독특한 치즈로, 올로모우츠 근교의 로슈티체(Loštice)에서 만들어지는 숙성된 연질 치즈이다. 단백질과 칼슘이 풍부해 영양학적 가치가 높다. 15세기, 황제 루돌프 2세가 트바루주키를 먹었다

트바루주키

는 것이 치즈에 대한 첫 번째 기록으로 전해진다. 이곳에서 황제가

된 듯 치즈와 함께 여유 시간을 가져 보자.

08

애주가들의 성지,
플젠(Plzeň)

플젠은 '애주가들의 성지'로 통한다. 1842년 필스너가 처음 만들어진 곳이 바로 이곳 플젠이다. 체코를 여행하는 동안 체코 사람들이 '세계에서 가장 맛있는 맥주'를 가지고 있다는 자부심이 굉장하다는 것을 느낄 수 있다. 그중 체코에서 가장 많이 볼 수 있는 맥주가 바로 이곳에서 만들어진다.

필스너는 투명한 황금색을 가지며, 아주 깔끔한 맛으로 전 세계적으로 맥주 애호가들로부터 가장 많은 사랑을 받고 있다. 지금은 다양한 맥주가 출시되어 예전에 비해 그 명성이 조금 떨어졌다고 하지만, 그럼에도 꿋꿋하게 항상 세계 맥주 판매 TOP 순위권을 자랑한다.

그럼 과연 맥주의 시작은 어디였을까? 맥주 제조법은 '메소포타미아' 지방에서 시작돼 이집트를 거쳐 유럽 각지로 전파되었다고 한다. 중세 때는 와인과 마찬가지로 수도원에서 맥주 양조를 담당하였고, 수도사들은 보리의 품종 개량과 양조기술 발전에 많은 기여를 했다.

우리는 맥주 하면 독일을 떠올리지만, 세계에서 연간 1인당 맥주 소비량이 가장 많은 나라는 체코이다. 체코인들의 식생활은 맥주로 시작해 맥주로 끝난다고 해도 과언이 아니다. 물보다 싸고 흔한 게 맥주인 이곳 체코 사람들에게 있어 맥주가 없는 세상은 아마 상상도 못할 일일 것이다.

나라별로 유명 맥주가 많은데, 세계에서 가장 사랑받고 있는 라거 계열 맥주를 대표하는 체코 '필스너 우르켈(Pilsner Urquell)'은 전 세계 맥주 생산량의 90% 이상을 차지한다. 체코는 세계 최초의 맥주 양조장, 세계 최초의 맥주 박물관, 세계 최초의 맥주 양조 교과서, 세계 최초의 호프 농장을 자랑한다.

지금은 각자 취향에 맞는 맥주를 마시거나 더 나아가 만드는 방법에 따라 골라 먹는 시대라고 하지만, 체코 여행 중에는 맥주의 대명사 '필스너 우르켈'의 본고장인 플젠을 꼭 방문하여 직접 경험해 보았으면 한다.

 여기서 "콕" ────────────────────

플젠에는 많은 맥주 양조장이 있다. 가이드 투어가 가능하니 꼭 참석하여 설명과 함께 시식도 꼭 해 보았으면 한다. 신선한 플젠의 맥주를 꼭 시음해 보자.

09

동화 같은 작은 마을,
텔치(Telč)

모라비아 지방에서 남쪽에 위치한 '모라비아의 진주'라고 불리는 텔치는 한국인들에게 잘 알려진 관광 도시는 아니다. 이 도시는 로마네스크 교회의 은신처로 만들어졌는데, 1530년 큰 화재로 인하여 도시 전체가 폐허가 되었다. 그 후 마을 사람들이 힘을 합쳐 광장을 둘러싸고 있는 85개의 르네상스 건축 스타일로 도시 전체를 완벽하게 재건하여 1992년 유네스코 세계문화에 등재되었다.

광장 입구에서 바라보이는 이 건축물들은 파스텔컬러로 동화 속에서나 볼 수 있을 만큼 아름다운 모습을 하고 있다. 나는 수많은 도시들을 보았지만, 정말 이 도시는 마치 동화 속에 직접 들어가 있는 듯한 느낌을 받을 정도로 아름답다. 어두운 역사를 지닌 체코가 이렇게 아름다운 건축물을 잘 보존한 모습을 보면, 다시 한번 그 노력에 감탄할 수밖에 없다.

어느 카페에서 만난 카페 주인이 나에게 이 세상에서 텔치만큼 아름다운 도시는 세상에 없을 거라면서 목소리를 높이며 자랑하는 것을 보니, 마을 주민들의 자긍심도 대단한 것 같다. 모든 것이 완벽한 도시로 느껴지지만, 특히 다양한 패턴의 조화로 이루어진 지붕과 창문들은 다른 도시에서는 볼 수 없는 텔치만의 매력이다.

정말 아름다운 도시다. 세계문화유산에 등재된 이유로 손색이 없다는 걸 알 수 있다. 도시 자체를 천천히 산책하듯이 걷다가 만나는 소박한 풍경들, 그리고 화사한 건물과 함께 미소 띤 친절한 시민들을 바라보면, 물질적인 것을 우선적으로 삼고 경쟁하며 살고 있는 나를

텔치 전경

다시 되돌아보게 된다.

정말 우리가 지금 살고 있는 시대가 행복한 걸까? 그런 것을 되묻게 하고 느끼게 하는 도시이다. 텔치에서만큼은 모든 것을 다 내려놓고, 광장 근처에 있는 노천카페에서 나의 지난 삶을 돌아보고 앞으로 어떠한 삶을 살아야 하는지를 생각해 보는 기회를 갖길 바란다.

누군가 나에게 "가장 아름다운 도시가 어디예요?"라고 물어본다면, 나도 이젠 어느 카페 주인처럼 한 치의 망설임도 없이 텔치라고 말할 것이다.

Part 2 낭만과 추억의 나라 **체코**

10

보헤미아 온천의 도시,
카를로비바리(Karlovy Vary)

체코에 온천의 도시가 있다고? 그렇게 많은 사람들이 의아해하는 도시가 바로 카를로비바리이다. 카를로비바리는 1349년 보헤미아 왕 카를 4세가 창설하였다고 하며, 오스트리아가 지배할 때에는 카를스바트라고 하였다. 체코명과 독일명 모두 '카를 왕의 온천'이라는 뜻을 가지고 있다.

카를로비바리의 온천은 몸을 담그는 것보다 마시는 것으로 더 유명하다. 엘베강의 지류 오흐르제강의 분지에 위치하는 이 카를로비바리에서는 사람들이 컵을 들고 다니면서 물을 마시는 풍경을 쉽게 볼 수 있다.

카를로비바리에는 5개의 콜로나다와 12개의 원천지(온천수가 솟아 나오는 곳)가 있는데, 온천수의 맛과 향도 각기 다르고 온도도 30~75도까지 다양하다. 빗물이 용암 지반으로 흘러 들어가 온천수가 되어 나오는 원리인데, 그 과정이 천 년이 걸린다고 하니, 자그마치 천 년 전의 물을 마시는 셈이다. 특히 여행을 무척 좋아하였던 독일의 대문호 괴테가 자주 방문한 것으로 알려졌다.

물을 마시는 데 따로 돈을 내는 것이 아니기 때문에 언제든지 누구라도 편안하게 아무 걱정 없이 물을 마시며 산책할 수 있도록 했다. 도자기로 만든 컵 '라젠스키'만 있으면 된다.

손잡이 부분을 빨대로 사용할 수 있는데, 이를 사용하면 치아 착색을 막을 수 있고 비릿한 맛도 덜하다고 한다. 다양한 크기와 디자인이 있으니 취향에 따라 고르면 된다. 그럼 이 모든 것을 무료로 즐길

라젠스키

수 있다. 그래서인지 사람들이 편안하게 대화를 나누게 되어, 이곳은 물만 마시는 장소가 아니라 분위기 있는 만남의 장소 역할을 톡톡히 한다.

 여기서 "콕"

체코 3대 명주이자 13번째 온천수라고도 불리는 베레로브카를 꼭 경험해 보자. 체코는 맥주만 유명한 것으로 알고 있는데, 베레로브카는 또 하나의 유명한 술이다. 1807년 약사 요제프 베헤르가 100여 가지 종류의 약초를 카를로비바리 온천수에 넣어 빚은 술로, 위장에 좋다고 한다. 자세한 제조법은 미국의 코카콜라처럼 가문의 비밀로 전해지고 있다.

Part 2 낭만과 추억의 나라 **체코**

베레로브카

HUNGARY

PART 3

유럽의 아시아
헝가리

헝가리는 나라 이름 때문에 많은 오해를 받았다. 하지만 프란츠 리스트, 폰 노이만, 볼펜을 만들어 낸 비로 라슬로 요제프, 천재 투자가 조지 소로스 등 우리가 알고 있는 많은 유명한 사람들을 탄생시킨 천재들의 고향이 바로 헝가리이다. 그 결과 인구 대비 노벨상을 가장 많이 받은 나라로 다른 유럽 지역과 달리 민족과 언어 모두 아시아에 뿌리를 두어 유럽에서 가장 동양적인 민족으로, 유럽의 아시아로 불린다.

헝가리의 역사를 보면, 헝가리인들이 10세기 말 헝가리 왕국을 수립하여 14~15세기경에 주변의 여러 왕국과 동군연합을 맺고, 오스만 제국의 침입을 받을 때까지는 중앙 유럽의 강국으로 군림하였다. 15세기 후반까지 오스만 제국의 강력한 압력을 받다가 1526년 모하치 전투에서 오스만 제국군에 패배하였다.

1541년 부다가 함락된 결과, 동남부 및 중부의 3분의 2를 오스만 제국이, 북서부의 3분의 1을 합스부르크 왕가의 오스트리아가 분할 지배하면서 양 제국이 충돌하여 만나는 최전선이 되었다. 이후 헝가리는 계속 지배자가 바뀌면서, 꾸준히 독립을 요구하는 운동이 반복되었다.

제1차 세계대전 종전 직전, 헝가리는 제국으로부터 분리 독립하면서 공화국이 되었다. 그리고 나치 독일의 후원하에 1930년대 말, 뮌헨 협정과 빈 중재, 슬로바키아—헝가리 전쟁 등으로 일부 영토를 회복하였다.

잃은 땅을 회복하기 위해, 또 나치 독일의 압박을 받아 제2차 세계대전에 추축국으로 가담한 헝가리는 1945년 패배하면서 소비에트 연방에 점령되어 공산화가 추진되면서, 헝가리 왕국이 붕괴되었다. 소비에트연방 점령하의 헝가리에서 1949년 사회주의 공화국을 표방한 헝가리 공화국이 성립되었다.

그 이후 소련의 지원을 받던 헝가리 공산주의자들이 헝가리 제2공화국을 무력화시키고 헝가리 인민공화국을 수립하였다. 이 공산정권은 스탈린의 지시에 충실히 움직였다. 그러나 거듭된 외부의 간섭과 정부의 억압에 염증을 느끼고 있었던 헝가리인들은 소련의 통제에 대해서도 민감하게 반응했고, 결국 1956년 헝가리 혁명을 일으키게 된다. 하지만 혁명에 실패하였고, 주동자들은 다른 나라로 망명하였다.

그 후 소련이 급속한 개혁을 채택하면서, 약 30년 동안 소련에 의해 강력하게 지배당하던 헝가리에도 새로운 기회가 찾아왔다. 1989년 이후 모든 동유럽 국가들이 변화를 채택하자 헝가리도 온건한 변화를 시작하면서, 다른 동유럽 국가들처럼 1990년에 이르러 완전히 사회주의 색채를 벗어 버리고 '철의 장막'에서 벗어났다.

그 이후 헝가리는 외국 자본을 적극적으로 유치하면서 다른 동유럽 국가에 비하여 빠른 성장을 이루었다. 이처럼 많은 우여곡절을 겪었지만 지금은 문화와 역사 그리고 다양한 음식의 발달로 많은 관광객들로부터 사랑받고 있다.

이민족의 지배를 받는 동안 헝가리인들은 이민족의 요리 방식을 자신들의 방식으로 변형시켜 수용함으로써, 그들만의 특별한 요리법을 개발해 다른 유럽 지역에서는 경험할 수 없는 헝가리만의 전통

헝가리의 대표 음식 굴라시

헝가리의 대표 농산물 파프리카

음식이 굉장히 발달하였다.

특히 개인적으로 감명 깊게 본 영화 중의 하나인 〈글루미 선데이〉의 배경지로서, 헝가리는 꼭 만나 보아야 하는 나라이다.

01
가장 아름다운 야경의 도시,
부다페스트(Budapest)

누군가 "세계에서 가장 아름다운 야경의 도시는?"이라고 묻는다면 부다페스트라고 답할 이가 얼마나 될까? 프라하, 파리, 홍콩, 상해 등 야경으로 잘 알려진 도시가 많으니, 아마 부다페스트를 꼽는 이는 그리 많지 않을 것이다. 하지만 유네스코가 가장 아름다운 야경을 가진 나라로 지정할 정도로 부다페스트는 최고의 아름다움을 자랑하는 도시이다.

부다페스트는 부다(Buda) 지역과 평야지대인 페스트(Pest)로 나뉘는데, 부다는 '물'을 뜻하고, 페스트는 '평야'를 의미한다. 오랫동안 두 지역은 별개의 도시로 발달해 왔으나 이슈트반 세체니(Szechenyi) 백작의 노력으로 1872년 도나우강 위에 다리를 개통한 이후 비로소 두 도시가 합쳐져 오늘날의 부다페스트란 지명을 갖게 되었다.

도시를 다니다 보면 궁금한 점들이 하나둘 생기게 마련이다. 특히 사람들이 가장 궁금하게 여기는 것은 사람들에게 가장 사랑받고 있는 부다페스트의 상징물 '세치니 다리'일 것이다. 부다 지역에서 살고 있던 이슈트반 세체니 백작이 페스트 지역에서 살고 있는 부친의 사망 소식을 들었으나, 악천후로 8일 동안 배가 운항하지 못하게 되어 장례식에 참석하지 못하자 크게 괴로워했다.

그 이후에 그 누구도 자신과 같은 상황을 겪지 않도록 사람들의 불편함을 덜어 주기 위해서 자비로 이 다리를 건설하였다. 이 다리가 개통된 이후 부다페스트는 급속히 발전하여 현대적 도시로서의 면

모를 갖추게 되었다. 제2차 세계대전 당시 폭격에 의해 세체니 다리를 포함한 도나우강의 모든 다리가 끊어졌으나, 전쟁이 끝난 이후 1949년 현재와 같은 모습으로 다시 복구되었다.

지금의 부다는 왕궁의 언덕 · 겔레르트 언덕 등이 강기슭 근처까지 뻗어 있는 데다 역사적인 건축물이 많아서 많은 관광객들이 이곳에 머문다.

반대로 페스트는 저지대에 자리한 상업지역으로, 주변 지구에 공장과 집단주택이 들어서 있어서 부다페스트 시민들이 바쁘게 다니는 모습을 볼 수 있다. 그 결과 페스트는 상업의 중심지로 발전하였다.

부다페스트를 다니다 보면 도시 자체가 너무 아름다워서 그런지 영화나 드라마 속에 자주 등장한 덕분에 사람들에게 그리 낯설지가

글루미 선데이

않게 느껴질 것이다. 특히, 부다페스트 하면 전 세계적으로 유명한 영화 〈글루미 선데이〉를 빼놓을 수 없다. 영화도 유명하지만, 특히 주제가가 음반으로 발매돼 엄청난 인기를 얻었는데, 이 노래로 인하여 연이은 자살 사건이 일어났다는 뜻밖의 스캔들에 휩싸이기도 했다. 그래서 한때는 금지곡으로 지정되기도 하였다.

그런데 정말 노래 한 곡이 그 많은 사람들을 죽게 했을까? 추후 학자들이 자살의 원인으로 헝가리 수도의 연중 축축한 날씨를 꼽는 해석을 하기도 하였고, 제2차 세계대전 이후 찾아온 경제난, 사회적 지위의 추락과 인구 50% 이상의 대대적인 도시 이주 때문이라고 밝히기도 했다.

지금은 많은 사람들에게 도시의 아름다움이 재평가받으며 엄청난 관광객이 몰려들고 있을 뿐 아니라, 과학·의학의 발달로 전 세계 영리한 학생들로부터 유학의 나라로 인정받아 예전의 우울한 느낌은 어디서도 찾아보기 힘들다.

페스트에서 바라본 왕궁

다뉴브강

Part 3 유럽의 아시아 헝가리

세체니 다리(Széchenyi Lánchíd)

부다와 페스트 사이를 연결하는 다리 건설은 19세기 가장 위대한 헝가리인 중 하나였던 이슈트반 세체니의 주도로 시작됐다. 세체니 집안은 헝가리의 귀족 계급 중에서 둘째라면 서러울 정도의 명문가 중 명문가로, 부와 명성, 탁월한 문화 감각까지 함께 겸비했던 집안 이다.

이슈트반 세체니가 부다와 페스트 사이의 다리 건설에 나선 계기 는 아버지의 장례와 관련된 안타까운 일 때문이었다. 아버지의 부음 을 받고 장례식 참석차 급히 돌아온 세체니는 다뉴브를 건너지 못했 다. 부다와 페스트를 연결하는 배편이 기상 악화로 무려 8일간이나 두절되었기 때문이다. 이에 격분한 세체니는 어떤 일이 있더라도 다 리를 놓겠다는 결심을 굳히게 되었다.

이 다리가 개통된 이후, 부다페스트는 급속히 발전하여 현대적 도 시로서의 면모를 갖추게 되었다. 제2차 세계대전 당시 폭격에 의해 세체니 다리를 포함한 도나우강의 모든 다리가 끊어졌으나 전쟁이 끝난 이후 1949년 현재와 같은 모습으로 다시 복구되었다.

이 다리의 양쪽 입구를 지키고 있는 네 마리의 사자상은 그 자태가 너무나 아름답고 완벽하여 흠잡을 데가 없다고 하였으나, 한 시민이 혀가 없는 것을 발견하였다. 그래서 '울지 못하는 사자'라고 불리는 사자상이 있다.

세체니 다리는 부다페스트의 야경에서 빼놓을 수 없는 아름다운 다리로 자리 잡고 있다.

● 유럽 대륙 최초의 지하철 ●

밀레니엄 언더그라운드
(Millennium Underground)

1892년 부다페스트 가장 번화한 언드라시 거리에 도시철도를 착공하여 1896년 부다페스트 지하철 1호선을 개통하여, '유럽 대륙 최초의 지하철'이라는 타이틀을 획득하였다. 참고로 유럽에서 가장 먼저 지하철을

부다페스트 지하철

개발한 나라는 영국이다. 헝가리가 건국 천 년을 기념하여 1896년 오픈하였다. 이 지하철의 정식 이름은 황제의 이름을 따서 '지하철 페렌츠 요제프(Ferenc József)'였으나, 지금은 '밀레니엄 언더그라운드'라 부른다.

부다페스트에서 지하철 여행을 하게 되면 정말 독특한 경험을 하게 된다. 건설 당시의 모습을 간직함과 동시에 현대의 도시 교통 시

스템으로도 원활하게 다니는 것을 보면, 새로운 것이 나오면 다 바꾸어 버리는 우리에게 마치 따끔한 경고를 주는 듯하다.

지하철 1호선을 타기 위해 에스컬레이터도 없는 층계를 걸어 내려가면 조그만 차량을 탈 수 있으며, 도착할 때의 흥겨운 음악도 예전과 같다.

부다페스트 지하철을 경험할 때, 어쩐지 낯이 익다고 느낄 수도 있다. 그것은 수많은 영화의 배경이 된 뉴욕시 지하철 입구가 바로 이곳의 지하철 입구를 모델로 만든 것이기 때문이다.

노선마다 당시 양식을 잘 보존하고 있어 노선별로 분위기가 정말 독특하다. 1호선은 19세기 제국주의 시대에 지어진 만큼 골동품스러운 분위기가 난다고나 할까? 2·3호선은 전형적인 구소련식 지하철이고, 4호선은 한국에서 볼 수 있는 전형적인 지하철이다. 지하철을 이용하면 제국주의 시대부터 요즘 시대를 다 경험할 수 있는 타임머신이 아닌가 싶을 정도로 다른 곳에서 경험하지 못하는 독특한 체험을 하게 될 것이다.

● 종교 예술의 정수 ●

마차시 성당(Mátyás Templom)

이 성당은 부다페스트에서 가장 아름다운 성당으로 불린다. 정식

이름은 '성모 마리아 대성당'인데, 마차시 왕의 이름을 딴 이유는 이곳의 남쪽 탑에 마차시 훈야디 왕가의 문장과 그의 머리카락이 보관되어 있기 때문이다.

13세기에 이 자리에 세워진 부다의 첫 번째 교구 본당은 14세기에 고딕식으로 재건축되었는데, 공사가 채 끝나기도 전에 오스만트루크가 침공했다. 그들은 부다성을 손에 넣은 뒤, 마차시 성당을 이슬람 모스크로 리모델링했다. 그래서 다른 성당과 달리 이슬람에서 볼 수 있는 이슬람 고유의 아라베스크 무늬로 장식되어 있다. 제2차 세계대전 와중에 성당은 심각한 피해를 입었고, 전후 복구에만 20년 이상이 걸렸다고 한다.

마차시 성당에서 가장 웅장한 면모를 자랑하는 것은 역시 80m 높이의 고딕식 탑이다. 남쪽 출입구에는 성모 마리아의 죽음을 예언하는 내용의 14세기 부조화가 걸려 있다. 이곳의 교회 예술 박물관에

마차시 성당의 모습 성 이슈트반 기마상

는 종교 예술의 정수를 볼 수 있는 작품들이 많다.

헝가리 대표 음악가 리스트(Franz Liszt, 1811~1886)가 〈대관식 미사곡〉을 초연한 곳도 바로 이곳이었다. 일요일 대미사를 마친 뒤 모든 사람들이 페렌츠 에르켈 작곡의 〈애국가〉를 합창하는 것도 이 성당의 오래된 전통이다.

● 부다페스트 시민들이 가장 싫어하는 ●

힐튼 호텔(Hilton Hotel)

부다페스트 시민들이 가장 싫어하는 건축물이 이 힐튼호텔이다. 마차시 성당 옆에는 1977년 문을 연 힐튼 호텔이 자리 잡고 있는데, 본래 이 자리는 헝가리의 국보가 모여 있는 유적지였다. 그것도 13세기 도미니코 수도원 유적지에 호텔이 들어선 것이다.

그러니 부다페스트 시민들이 이 호텔을 좋아할 수가 없는 것이다. 대체 왜 이런 일이 벌어졌을까? 공산주의 시절에 관료주의가 돈과 결탁하면 어떤 일이 일어나는지를 정확히 보여 주는 사례이다.

많은 사람들이 세계의 힐튼 호텔들 중 가장 아름답다고 자랑하는 곳이지만, 부다페스트 시민들은 이곳을 지날 때마다 옛 공산주의 시절 관료들을 원망한다. 엄청난 유적지였던 자신들의 찬란한 역사를 돈 때문에 파괴해 버렸다는 데 대해 원망의 눈길을 보내는 것이다.

후손들에게 평생 아픈 상처를 주는 이러한 시대적 과오는 두 번 다시 발생해서는 안 될 것이다.

● 낮에 한 번, 밤에 한 번 ●

어부의 요새(Halászbástya)

부다페스트에서 가장 아름다운 곳을 말하라고 한다면, 마차시 성당을 둘러싸고 있는 다뉴브강 쪽의 '어부의 요새'라고 대답할 것이다. 동화 속 천사나 요정이 나올 것 같은 7개의 둥근 탑으로, 부다페스트에서 가장 사랑받는 곳이다.

다른 예쁜 이름도 많을 텐데 왜 뜬금없이 '어부의 요새'일까? 궁금증이 생긴다. 이러한 이름을 가지고 있는 이유는 두 가지 설로 요약된다. 첫째는 오랜 옛날 이곳에 도나우강에서 잡은 물고기를 사고파는 어시장이 있었기 때문이라는 설, 둘째는 19세기 도나우강에서 고기를 잡아 파는 어부들이 중심이 된 시민군이 겔레르트 왕궁으로 올라가는 길목에서 왕궁을 지키면서 적의 기습을 막는 요새를 만들었기 때문이라는 설이다.

이름과는 어울리지 않지만 '헝가리인들의 애국정신의 상징'으로서 헝가리 건국 이래 중요시되어 온 어부의 요새는 관광객뿐만 아니라 부다페스트 젊은이들에게도 데이트 명소로 뽑힌다.

어부의 요새

어부의 요새 전경

특히 부다페스트의 야경을 가장 아름답게 볼 수 있어서 이곳은 낮에 한 번 밤에 한 번, 그렇게 꼭 두 번을 올라와야 한다고 전한다. 어부의 요새는 지나치게 화려하지는 않지만, 워낙 아름답고 완벽하게 만들어져 지금 가장 사랑받는 곳으로 변모하였다.

● 강 건너에서 보면 더 아름다운 ●

부다 왕궁(Budavári Palota)

부다 언덕의 남쪽 끝에 위치한 이 왕궁은 벨러 4세 왕에 의해 13세기 후반에 지어졌다. 그 이후 헝가리 국왕들이 살았던 역사적인 왕궁이 되었으나 오스만 제국과의 전쟁으로 파괴되고 말았다. 이후 마차시 왕 시절에 모든 건물들은 르네상스 스타일로 변형되었고, 궁전은 중부 유럽의 문화 · 예술 · 정치의 중심으로 부상하였다.

합스부르크의 시대에는 마리아 테레지아 때 203개의 방을 갖춘 거대함을 과시하게 되었다. 그 이후 대화재가 발생하여 왕궁의 대부분이 소실되었다. 이 일을 계기로 다시 개축을 시작하여 1904년에 완공하였으나, 두 차례에 걸친 세계대전으로 다시 큰 타격을 입고 말았다. 이후 1980년대에 재건되어 현재의 크기로 개축되었다.

현재는 역사박물관 · 국립미술관 · 국립도서관 3개의 박물관과 미술관으로 쓰이고 있는데, 이 중 르네상스 이전부터 현대까지 헝가리

멀리서 보는 부다 왕궁

미술의 모든 것을 모아 놓은 국립 미술관은 시간을 내어서 꼭 방문하기를 바란다. 헝가리 귀족 가문에서 모았던 수집품을 주로 하여 헝가리 미술을 대표할 만한 많은 작품들을 소장하고 있다.

강 건너 페스트 쪽에서 바라보는 왕궁의 야경은 세체니 다리와 어우러져 비길 데 없는 아름다움을 자랑한다.

● 역사적 아픔을 간직한 ●

다뉴브 강가의 신발들(Cipők a Duna-parton)

부다페스트에서 다뉴브강 산책로를 걷다가 세체니 다리에서 국회의사당까지 이어지는 강변가를 걷다 보면 넋이 나갈 정도로 아름다운 도시의 모습을 볼 수 있다. 하지만 여기에도 슬픈 역사를 보여 주는 조형물인 신발 청동상들이 줄지어 있는 모습을 볼 수 있다.

과거 나치 시대에 바로 이곳에서 유대인들의 신발을 벗기고 뒤에서 총을 쏴서 강물로 빠뜨렸다. 얼마나 많은 사람들이 죽었는지 강물이 빨갛게 물들었다는데, 당시 이곳에서 학살당한 유대인들 숫자가 어마어마하다고 한다. 얼마나 두려웠으면 총에 맞기도 전에 다뉴브 강으로 뛰어든 유대인들도 있었다고 하는데, 한겨울의 차가운 강물에 모두 얼어 죽었다. 항상 이곳을 지날 때마다 우리 역사 속에 지울 수 없는 일제 강점기를 생각해 본다.

다뉴브 강가의 신발들

Part 3 유럽의 아시아 **헝가리**

예전에 폴란드 아우슈비츠 수용소에 갔을 때 현지 가이드가 했던 말이 기억이 난다. "역사는 숨길 수 없으니 절대 잊지는 말아야 하지만, 그 역사에만 갇혀 있으면 지금 같은 현대에 뒤처질 수밖에 없으니 이젠 용서해야 한다."라는 말이 어렴풋이 기억난다.

당시 희생된 유대인들의 넋을 기리기 위해 2005년 조성되었다고 하니, 이러한 역사가 다시 반복되지 않았으면 한다.

● 헝가리에서 가장 큰 랜드마크 ●

국회의사당(Országház)

영국 국회 의사당에 이어 세계에서 두 번째로 큰 국회의사당이다. 길이가 약 268m, 너비는 약 123m 규모를 자랑한다. 1902년에 정식으로 개장된 헝가리 국회의사당은 완공 이래 현재까지 헝가리에서 가장 거대한 건물이 되었다. 헝가리 건국 1000년을 기념하여 세워진 국회의사당의 외벽에는 헝가리 역대 통치자 88명의 동상이 세워져 있고, 지붕에는 1년 365일을 상징하는 365개의 첨탑이 있다.

국회의사당의 높이는 약 96m로, 성 이슈트반 대성당과 함께 부다페스트 시내에서 가장 높은 건물들 중 하나로 꼽힌다. '96'이라는 숫자는 헝가리 건국 1,000주년인 1896년을 상징한다고 알려져 있다.

유네스코에서 지정한 가장 아름다운 야경의 도시 부다페스트의

헝가리 국회의사당

국회의사당의 야경

멋진 야경을 만들어 내는 가장 중요한 건물로, 최고의 하이라이트를 연출하는 부다페스트의 랜드마크로 손꼽힌다. 모든 것이 헝가리인들에 의하여 건축되어 헝가리인들의 자부심이 대단한 건축물이다.

● 헝가리 건국 천 년의 기억 ●

영웅광장(Hosok Tere)

헝가리 건국 1000년을 기념하기 위해 1896년에 만든 광장으로, 우리나라 국립묘지 역할을 하며, 외국의 정상들이 오면 이곳에서 헌화하는 모습을 종종 볼 수 있다.

영웅광장

광장의 한복판에 높이 36m의 기념비가 있는데, 꼭대기에는 헝가리 민족 수호신인 가브리엘상이 상징적으로 우뚝 서 있으며 아래에는 초기 부족장 6명의 기마상이 있고, 주변엔 초대 국왕 이슈트반 1세부터 독립운동가 코수트 러요시 등 헝가리에서 가장 위대한 영도자 14명의 동상이 있다.

현재는 부다페스트에서 문화 · 정치 · 종교적 행사가 이루어지는 가장 큰 광장이다.

● '96'의 숨겨진 의미 ●

성 이슈트반 대성당(Szent István Bazilika)

헝가리 시민들에게 가장 존경받는 국왕으로 헝가리 통일국가를 이루었으며 동유럽에서 최초로 가톨릭을 받아들인 성 이슈트반 1세를 기리며 만든 성당이다.

멀리서 본 성 이슈트반 대성당

당시 헝가리에서 가장 유명한 건축가인 요제프 힐드와 미클로시 이블의 공동 설계 작품인 이 대성당은 본래 1848년에 기공식을 가졌으나, 연이어 발발한 헝가리 독립전쟁으로 공사가 중단되었다가 1851년부터 재개되었다. 그러나 대성당

성 이슈트반 대성당

건축이 한창이던 1868년에 전례 없는 폭풍이 불어닥치면서 대성당의 돔이 유실되는 안타까운 사건을 겪게 되면서, 1905년이 되어서야 공사는 끝이 났다.

전형적인 네오 르네상스 양식 건물로, 전체 구조가 그리스 십자가 형상이며 그 중심에 중앙 돔이 있다. 건물 내부에선 86m, 돔 외부의 십자가까지는 96m인데, 이는 마자르족이 이 지역에 자리 잡은 연도인 896년을 의미한다.

헝가리 국회의사당에서도 '96'이라는 숫자에 의미를 두었듯, 여기에서도 비슷한 의미를 두고 있다. 또, 로마에서는 바티칸 대성당이 로마 시내 모든 건축물의 높이를 제한하는 상한선이 되었듯이 부다페스트의 모든 건축물들은 성 이슈트반 성당보다 높이 지을 수 없다고 하여 국회의사당 건물도 더 높이 건축하지 않고 똑같은 높이로 맞추었다. 성당 내부엔 스테인드글라스로 장식된 작품들과 더불어 성 이슈트반의 오른쪽 손이 미라로 보관되어 있다.

● 부다페스트 최고의 뷰 포인트 ●

겔레르트 언덕, 시타델(Citadel)

시타델은 겔레르트 언덕 정상에 있는 요새로, 부다페스트 최고의 뷰 포인트이다. 그래서 부다페스트를 방문한 관광객들이라면 누구나 이곳을 찾아 인증샷을 찍는다.

겔레르트 언덕

Part 3 유럽의 아시아 헝가리

하지만 역사적으로는 헝가리인들에게 치욕적인 장소로 알려져 있다. 1850년 합스부르크 제국이 독립을 열망하는 헝가리인들을 감시하기 위해 세운 감시용 망루로 사용하였기 때문이다. 그러나 지금은 많은 관광객들이 웃으면서 인증샷을 찍는 장소가 되고 말았다. 하루종일 사람들이 방문하는 이유도 그 때문이다.

겔레르트 언덕 쪽으로 올라가는 길에는 지금도 2차 세계대전 당시 총탄들의 흔적을 찾아볼 수 있다.

● 유럽에서 제일 큰 온천 ●

세체니 온천(Széchenyi Baths and Poo)

헝가리에는 3대 온천이라 불리는 겔레르트 온천, 세체니 온천, 루다스 온천이 있다. 온천은 부다페스트를 가는 이유 중 하나이다. 유럽 국가 중에서도 온천으로 유명한 나라가 바로 헝가리인데, 그중에서도 부다페스트의 세체니 온천이 제일 유명하다.

유럽에서 제일 큰 온천일 뿐 아니라, 공원 안에 위치해 있어 온천 후 산책하기에도 딱 좋다.

그런데 기대심을 품고 온천물에 몸을 담그면 바로 실망할지도 모른다. 목욕탕과 찜질방을 즐기는 우리에게 맞는 따뜻한 물의 온도는 애초에 포기해야 한다. 그래서인지 아시아인들에게 이 온천은 별로

사랑받지 못하지만, 서양인들은 일부러 온천을 찾아 세체니를 방문
한다.

 여기서 "콕" ─────────────

헝가리는 파프리카 발달하였다.
헝가리에서만 생산되는 토카이
와인을 식전주로 시작하고 꼭
경험하길 바란다.

헝가리 파프리카 요리

02

헝가리 최초의 자연보호 구역,
티하니(Tihany)

티하니 반도에 위치한 마을이다. 티하니 반도 전체가 역사 지구로
지정되어 있으며, 1952년에는 헝가리에서 최초로 자연보호 구역으
로 지정되었을 정도로 자연경관이 무척이나 아름다운 마을이다.

티하니 수도원(Tihany Abbey)

　마을의 중심부에는 1000년이 넘은 '티하니의 자존심'이라고 불리는 베네딕트 수도회 소속 수도원인 티하니 수도원이 있다. 수도원에 있는 두 개의 탑은 마을의 상징이 되었다.

　발라톤 전경을 한눈에 내려다볼 수 있는 위치에 있는 티하니 수도원은 1754년에 바로크 양식으로 재건축되어 보존되고 있으며 역사적·예술적 가치가 매우 높게 평가받고 있다. 특히 아몬드 나무가 피어나는 봄과 헝가리에서 가장 사랑받는 라벤더 꽃들이 가득 피어난 6월에 맞추어 간다면 엄청난 행운이다.

티하니 수도원

발라톤 호수(Lake Balaton)

티하니에서 바라보는 발라톤호는 헝가리 서부에 위치한 유럽 최대의 호수이다. 헝가리는 내륙국이지만 헝가리인들은 이 호수를 '헝가리의 바다'라고 부른다. 호수가 근처에 고급 별장들이 모여 있으며, 평화롭게 서핑하는 헝가리 시민들의 광경이 여기가 호수인지 바다인지 착각할 정도이다. 우리나라에서 한때 인기리에 방영되었던 드라마 〈아이리스〉의 촬영 장소이기도 하다.

03

와인의 왕을 생산하는 토카이(Tokaji)

토카이는 헝가리 북동부 위치한 아름다운 구릉지 지역에 있으며, 헝가리의 대규모 와인 생산지다. 이 지역의 와이너리는 무려 200여 개로 중부 유럽에서 빼놓을 수 없을 만큼 유명하다. 2002년에는 토카이 와인 생산 지역이 유네스코에 지정될 정도로 최고의 와인을 생산하고 있다.

유럽에서 와인 최고 애호가로 알려졌던 프랑스의 왕 루이 14세는 토카이를 마셔 보고는 "와인들의 왕, 왕들의 와인"이라고 칭했다고 한다. 한때는 유럽에서 엄청난 인기를 누렸지만, 제2차 세계대전 이후 산지인 헝가리가 철의 장막 동쪽으로 편입되는 바람에 서방세계에는 잘 공급이 되지 않아, 다른 지역에 명성을 빼앗기는 아픈 역사를 가지고 있다.

특히 헝가리가 공산주의 정권이었던 시절, 와인 생산을 양적으로 확대하는 데에만 신경을 쓴 나머지 품질이 많이 떨어져 예전의 세계적 명성을 잃어버렸다. 한번 잃어버린 명성을 다시 찾기란 어렵겠지만, 예전의 그 명성을 되찾기 위하여 지금 헝가리 정부에서 많은 마케팅과 함께 품질 개선에 힘을 쏟고 있다.

토카이 와인

토카이 와인을 처음 만나 보게 된다면 캐나다나 독일에서 생산하는 아이스 와인처럼 강한 단맛을 느낄 수 있다. 특히 토카이 와인은 숫자

3~6까지 등급이 나뉘는데, 숫자가 올라갈수록 단맛이 강하다. 와인을 좋아하지 않는 사람들도 달달한 맛을 한 번쯤 경험해 보면서 토카이 와인이 옛 명성을 되찾는 날을 기다려 보는 건 어떨까.

세계의 아름다운 다리 13선

"세계 4대 문명을 가 보자.", "세계 3대 폭포는 봐야지!", "세계에서 가장 아름다운 3대 항구 앞에서 사진은 찍어야지." 여행을 좋아하는 사람들은 한번은 이러한 목표를 세워 보았을 것이다. 누군가가 정해 놓은 코스를 여행하기보다는 나 스스로 아름답다고 여기는 것을 정하여 나만의 여행을 떠나 보고 싶은 것이다.

그렇다면 "세계에서 가장 아름다운 다리를 가 봐야지."라는 목표를 세워 보는 건 어떨까? 필자가 다녔던 130여 나라에서 만난 수많은 다리 가운데 가장 아름다웠던 열세 개의 다리를 안내하고자 한다.

1. 잉글랜드 런던 타워브리지

타워브리지는 어려서부터 영어 교과서에 많이 등장해 나에게는 꿈을 주었

던 다리이다. 처음으로 타워브리지를 보았을 때, 그 충격을 말로 표현하지 못할 만큼 아름다웠던 기억이 난다. 이 다리는 1886년부터 1894년까지 지어진 런던의 상징적인 조형물 중 하나로 지금까지 사랑받고 있다. 빅토리아 시대 고딕 양식의 탑 두 개가 수평의 보도 두 개에 의해 이어져 다리의 현수 부분이 가하는 힘을 견디고 있다.

2. 베트남 바나힐 골든브리지(Càu Vàng)

베트남 최대 관광도시인 다낭에서 관광객의 눈길을 사로잡는 볼거리가 있다. 숲속에서 나타난 두 개의 콘크리트 손이 150미터 길이의 다리를 떠받치고 있는 모양이다. 이 다리는 1919년 프랑스 식민 시대에 산간 피서지 마을로 처음 개발된 이 산악 지대 숲을 관통한다.

3. 미국 샌프란시스코 골든 게이트 브릿지

샌프란시스코시를 마린 헤드랜즈와 연결하는 이 상징적인 다리의 길이는 2.7km이다. 매달 300만 대 이상의 자동차가 이 6차선 다리를 건너간다. 이 다리는 전 세계에서 할리우드에 가장 많이 등장했을 정도로 너무나 유명하다. 특히 해당 다리 제목의 노래 또한 사랑받았다.

4. 브라질 옥타비우 프리아스지 올리베이라 다리

피네이루스강을 가로지르는 이 사장교의 특징은 X자형 타워를 통과하며 서로 교차하는 별도의 곡선형 다리 데크가 두 개로 구성되어 있다는 점이다. 처음 이 다리를 보았을 때 굉장히 헷갈렸던 기억이 난다.

5. 독일 라코츠 다리(Rakotzbrücke)

크롬라우어 공원에 있는 이 독특한 다리는 19세기에 지어졌다. 일명 '악마의 다리'로도 불리는 이 다리는 아래쪽 물에 다리가 반사되어 완벽한 원을 이룬다. 필자가 어렸을 때 달력에서 본 기억으로 정말 이러한 곳이 있을까 찾아 헤매던 곳인데, 처음 발견하고는 정말 감탄이 나왔던 다리이다.

6. 오스트레일리아 시드니 하버브리지

하버 브리지는 세계에서 가장 긴 강철 아치교 중 하나로 현지인들 사이에서 '옷걸이'라고도 불린다. 철로 4개, 고속도로 1개 그리고 보행자 통로 2개로 구성되어 있다. 관광객들이 클라이밍을 할 수 있는 곳으로, 대중적인 사랑을 받고 있다.

7. 중국 장가계 유리다리

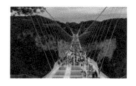

길이 430m, 높이 300의 구름다리로 정말 아찔했던 기억이 난다. 강심장이 아니면 끝까지 걸어가기 쉽지 않을 것이다. 꼭 경험하길 바란다.

8. 이탈리아 베니스 탄식의 다리

수로에 놓여 있는 다리로, 베니스의 명소이다. 베니스에 너무나도 잘 어울리는 다리이다. 외형적인 아름다움보다는 그 의미가 깊어 필자는 이 다리를 세계에서 가장 아름다운 다리로 선정하였다.

9. 포르투갈 바스쿠 다 가마 다리

타구스강 위로 놓인 이 다리는 포르투갈의 북부와 남부를 연결하는 유럽에서 가장 긴 다리 중 하나이다. 마치 바다 위에 다리를 건설한 것으로 착각할 정도로 엄청나게 길어 놀랐던 기억이 있다. 포르투갈에 가면 꼭 이 다리를 건너 보길 바란다. 특히 시간이 된다면 해 질 녘 이 다리 위를 건너 보았으면 한다. 눈부시게 아름다운 광경이 펼쳐질 것이다.

10. 미국 뉴욕 브루클린 다리

뉴욕시 이스트강 위에 놓인 이 장엄한 다리는 브루클린과 맨해튼의 자치구들을 연결하고 있다. 그냥 뉴욕에 있다는 것 하나만으로도 최고의 다리로 기억될 것이다. 이 다리를 건널 때, 프랭크 시나트라(Frank Sinatra)의 노래 〈New York, New York〉을 들으면서 건너길 바란다.

11. 프랑스 가르교

고대 로마 수로교로 AD 50년경에 건설되었으며 현재 유네스코 세계유산 지구로 지정되어 있다. 이 다리는 그 거대함에 놀라움을 감출 수 없게 만든다. 로마인들에게 다시 한번 감탄하지 않을 수가 없었다. 지금 시대에도 이러한 다리를 만들기란 쉽지 않을 듯싶다.

12. 체코공화국 프라하 카를교

블타바강에 위치한 이 역사적인 아치형 다리는 석조 다리 가운데 가장 아름다워 많은 사람들이 이 다리를 건너며 낭만을 펼친다.

13. 홍콩 칭마교

개인적으로 의미가 있는 다리이다. 해외 첫 출장으로 홍콩을 갔을 때 지나간 다리로, 그 시절이 그리울 때가 많다. 그 당시 우리나라엔 이러한 다리가 없어서 굉장히 부러워했던 기억이 난다.

   작년에 펴낸 나의 첫 번째 저서인《다시 떠나는 이탈리아, 스위스》 편에서는 역사와 문화, 그리고 나의 경험 등을 서술하였다면, 이번 편에는 관광지를 그냥 지나치지 않고 조금이라도 정보를 알고 바라볼 수 있도록 하는 데 중점을 맞추었다.

   보통 동유럽을 이야기하다 보면, 서유럽에 비해 역사 · 종교 · 문화 · 음식 등의 이야깃거리가 많이 부족하다는 말들을 하는데, 자세히 알고 보면 결코 그렇지 않다. 그래서 지난 20여 년 동안 현지에서 직접 보고 듣고 경험했던 풍부한 이야깃거리를 모아 최대한 쉽고 재밌게 풀어 동유럽에 대한 인식을 바꾸어 주려고 노력하였다. 단순한 여행 정보서가 아닌, 입체적이고 현장감 있는 자료들을 제시하여 여행자들이 이를 쉽게 활용하도록 하는 데 주안점을 두었다.

바쁜 현대인들이 우연히 이 책을 발견하고서 "와, 이 책 읽고 떠나 봐야지!"라는 작은 희망을 갖게 될 수 있다면 좋겠다. 여행자들이 잠깐 일상에서 벗어나 행복한 나만의 시간을 만드는 데 조금이나마 도움이 되고 싶은 마음이다.

MZ세대들이 가장 존경하는 인물인 스티브 잡스가 자신의 과거를 돌이켜 보며 이런 메시지를 남겼다고 한다. "어떤 것이 세상에서 가장 비싼 침대일까? 그건 병원 침대이다. 평생 배 굶지 않을 정도면, 더는 돈 버는 일과 상관없는 다른 일에 관심을 가져야 한다. 물질은 잃어버리더라도 되찾을 수 있지만, 나의 삶을 잃어버리면 다시 찾을 수 없다."

현대인들이여! 그의 말처럼, 가고 싶은 곳이 있으면 가라. 오르고 싶은 곳이 있으면 올라가 보아라. 모든 것은 우리가 마음먹기에 달렸고, 바로 우리의 결단 속에 있다. "삶에서 내가 만들었던 나만의 여행에서 추억들은 방정식이 존재하지 않을 것이다."고 잡스는 힘주어 말한다. 바쁘게 사는 현대인들이여! 가끔은 마음을 내려놓고 한번 떠나 보라. 이 책을 손에 들고 나만의 여행을 즐겨 보라.

내년엔 각 나라의 문화와 역사를 공부하면서 여행의 아름다움을 찾아내기 위해 좀 더 노력해 보려 한다. 독자들 또한 나의 발걸음을 격려해 주길 바라면서 다시 떠나게 될 북유럽 편을 기대해 주셨으면 좋겠다.